愛を綴るキルト

Anniversary 45

45年間の感謝を込めて

キャシー中島
Kathy Nakajima

introduction

私はなんて永い間、ひとつのこと、つまりパッチワークキルトを好きでいるのでしょう。初めてパッチワークキルトを見たのは10歳の時。小学校の映画鑑賞会で見たアメリカ映画「若草物語」でした。ジョーの部屋のベッドに掛かっていたのはアイリッシュチェーンとマリナーズコンパス、ベスとエイミーのキルトは白地に赤のヘキサゴンだったかしら。ストーリーはぜんぜん覚えていないのに、生き生きとした4姉妹とキルトだけははっきりと思い出せます。不思議ですね。少ししか映らなかったのに。そしてそのキルトの実物に出会ったのは10年も過ぎた20歳の時です。16歳でモデルデビューして4年経った20歳の秋にタレントとしてテレビの番組に出演する少し前にアメリカ、ロサンゼルスでコマーシャルの撮影をしました。その仕事の合間にブラブラと街を歩いていると小さなキルトショップを見つけたのです。ウィンドウに飾ってあるのは、あの若草物語の中で見たヘキサゴンのキルトです。ドアを開けて中に入ると、美しい色の生地が並べられていました。珍しそうにじーっと見ていたからでしょうか。奥からおしゃれなマダムが出て来て話しかけて来ました。思わず「ウィンドウにあるキルトを買わせていただけないですか」と聞いた私に、「あれは売り物ではありません。キルトは買う物ではなくて楽しみながら作る物ですよ」とマダムは教えてくれました。そして作り方が載っている本を数冊とUSAプリント布を選んでくれ、簡単な縫い方も教えてくれました。これが私のパッチワーク人生のスタートです。

あの時のキルトショップの名前もマダムのお顔も忘れてしまったけど、あの時のワクワクした思いは今でも覚えています。撮影が終わってからホテルに戻り、すぐに布に線を引き縫い始めたほどでしたから！　それからタレントになってちょっとした待ち時間にチクチク、結婚してチクチク、教えるようになってチクチク、そして45年が過ぎました。

ほとんど毎日のように針を持ち、何かを縫っているのに、飽きないの！　それはきっと本当にキルトを縫うことが好きなんだと思います。ちょっとぐらい嫌なことがあっても、チクチクしているとまっいいか！　って思っちゃう、針目が揃ってきれいに縫えてるとそれだけで嬉しくなっちゃう。私はきっとずーっとキルトに恋をしているのでしょうね。

そんな思いをこの本の中にギュッと詰めこみました。キルトとお話をお楽しみくださいませ。

INDEX

表紙作品：カラパナからの風（P.24）８年目のプレゼント（P.96）
クラウンとカヒリ（P.42）
撮影：斉藤亢
デザイン：橘川幹子

Anniversary 45

いつも、いつでも、私のそばにはキルトがありました。

この本は４５年間の集大成。

キルトを続けてきて本当に良かったと

心から思っています。

part 1

初期のキルト作り

出会いは「若草物語」
愛する家族のために
夢中で縫った日々

将来の夢は手芸屋さん
カタチになった、少女の頃の思い

小学校の4年生の頃だったと思います。映画鑑賞会がありました。上映されたのは「若草物語」。どうして、この映画をよく覚えているのかというと、パッチワークキルトが出ていたからなんです。当時はもちろんそれがパッチワークキルトだと認識していたわけではありませんでした。4姉妹の可愛らしいお部屋にあった、大きくて見事なベッドカバー。映画の中で、4姉妹の母親がコツコツと針を動かしているワンシーン。それらを見て「あんなステキなものが欲しいな。いつか作ってみたいな」と、強く印象に残ったのです。

「将来の夢は手芸屋さんになること」。小学校の卒業アルバムに、私はそんな言葉を残しています。

パッチワークキルトに本格的に出会ったのは、20歳の時。モデルのお仕事でロサンゼルスに滞在していた時、ふと立ち寄ったショップに飾ってあったキルトに目を奪われたのです。吸い寄せられるようにそのキルトを見つめていると、ショップのオーナーがいくつものキルトを見せてくれました。私がどうやってこれを作るのかとたずねると、親切に縫い方まで教えてくれました。私はショップに飾ってあるキルトではなく、キルトを作るための生地のセットと作り方が書いてある本を、それこそ両手で抱えきれないほど買い込んで、帰国しました。

帰ってくると、誰に教わることもなく、見よう見まねで作り始めました。生地が足りなくなるとブラウス用に売っている生地を買ってきたり、中に入れる芯材がわからず、古いタオルケットを挟んだりしていましたよ。手で縫おうとすると針が折れてしまう。それでミシンを使って仕上げましたね。

もう、本当にゼロからのスタート。ただ、モデルの仕事を始めた10代の頃も、大好きな手芸はずっと続けてきましたから、英語の作り方の本を先生にしながらも自分だけのパッチワークキルトを作ることが出来たのだと思います。

最初の作品が完成したのは、アメリカから帰って1年後のこと。出来上がりを自分の部屋の小さなベッドに掛けた時の感動は、今でも忘れられません。でも、その時に思ったのは、さあ、次は何を作ろうか、早く次にとりかかりたい！ということでした。出来上がった作品に対する愛着だけじゃない。パッチワークキルトは手を動かすことの楽しさを、ずーっと味わい続けていられるのです。

1992年

スクエアのファーストキルト　175 ×130cm　1972年

WILKINSON

七奈美のための
ファーストキルト

ボンネットスー　115×110cm　1974年

長女、七奈美に作ったのは「ボンネットスー」。私が結婚する前にも作った、大好きなパターンです。日よけ帽子をかぶった女の子がモチーフのこのパターンはアメリカで1930年代頃に大人気だったものです。

次女、雅奈恵には「ドレスデンプレート」、長男洋輔は私のファーストキルトを使っていて、椅子に敷くパフを作ってあげました。毎日使ってお洗濯もたくさんしたので、だんだん色あせて、今ではアンティークの風情になっています。子供たちを思って縫った大切な大切なキルトです。

album_family

結婚前。モデルとタレントをしていた。

モデル時代。この頃キルトに出会う。

エメロンシャンプーのコマーシャルに出ていた時。

子供たちがまとわりついてきた頃。

3人の子供を育てた主婦時代。

昭和54年に俳優の勝野洋氏と結婚。

キルトを近所で教え始めて。

温泉に家族旅行。

いつも家族と一緒。

うたたねキルト　205×130cm　1980年

私たち夫婦は知り合ってすぐに結婚しました。そして、その年の終わりには私はお母さんになっていました。

東京で暮らしていた私たちは2人目の子供が生まれた年に富士山の裾野、御殿場に住まいを移しました。そうです、田舎暮らしのスタートです。朝、窓を開けると花が咲いていたり、木々の色が変わっていたり、真っ白な雪に庭が包まれていたり、新しい発見でいっぱいでした。自分たちでガーデニングもしていました。お天気の良い日は子供たちと一緒に1日庭にいて、それはとても楽しい時間でした。夫は毎日、車で片道2時間かけて仕事に行ってましたので、車中で過ごす時間が大切な時間だったようです。時には朝早く撮影所に行き、合間を見つけては車中で仮眠していました。そんな時に使ってもらおうと作ったのが「うたたねキルト」です。

その頃、シャイアンという名の栗毛の馬を近くで飼っていました。優しい目の馬、シャイアンをアップリケして仕上げました。子育て真っ最中で小さな時間を見つけながら縫ったこのキルトを、彼はずーっと使ってくれました。

結婚30周年を迎えた年。わがままな

うたたねキルト30　190×160cm　2008年

私にずっと付き合ってくれた夫に感謝して、改めて「うたたねキルト30」を作りました。2頭の馬が仲良く走る姿を夫と息子にたとえ、星に囲まれた、明るい色合いのキルトにしました。

次は13年後に作ろうと決めました。金色に輝く「うたたねキルト50」を。

グリフォン

青いグリフォン1996　120×90cm　1996年

グリフォンのステンドグラスキルトが2枚あります（もう1枚は57ページ）。

子供の頃、仕事で忙しかった母がたまに私が寝る時にしてくれたお話は、不思議がいっぱいでした。お話にはドラゴンや女神、空を飛ぶペガサス、そしてグリフォンも出てきます。グリフォンはいつも主人公のそばにいて守っていました。

その思い出を何かの形で残したいなあと思っていた時、息子が生まれました。ステンドグラスキルトのテクニックならグリフォンを表現出来ると思い、作って息子の部屋の守り神として飾りました。

母は孫を見ることなく逝ってしまいましたが、母のやさしい心は息子洋輔の部屋の壁に、キルトになってつながっています。

グリフォン：鷲の翼と上半身、ライオンの下半身を持つ伝説上の生物。日本では鷲獅子と言われる。

Charming Star

ベツレヘムの星　94×94cm　1995年

みんなは東京と御殿場の往復大変でしょうって言うけど全然違うんです。仕事が終わって車を走らせて、東名の松田を過ぎ、山へ入っていく頃から心は我が家へまっしぐら。カーブをひとつ曲がるたびに家のあかりが近づいてきます。ついつい夢中で運転しちゃうの。その頃には東京のことはきれいさっぱり忘れてまっさらな気持ちになっているんです。

家の前への一本道にきたらわざとゆっくり車を走らせるの。杉の森にかかる月を眺めながら…。そして高い玄関に着いたら誰がいちばんに飛びついてくるかなあって考えるのです。必ず雅奈恵なの。裸足で飛び出してくるのよ。

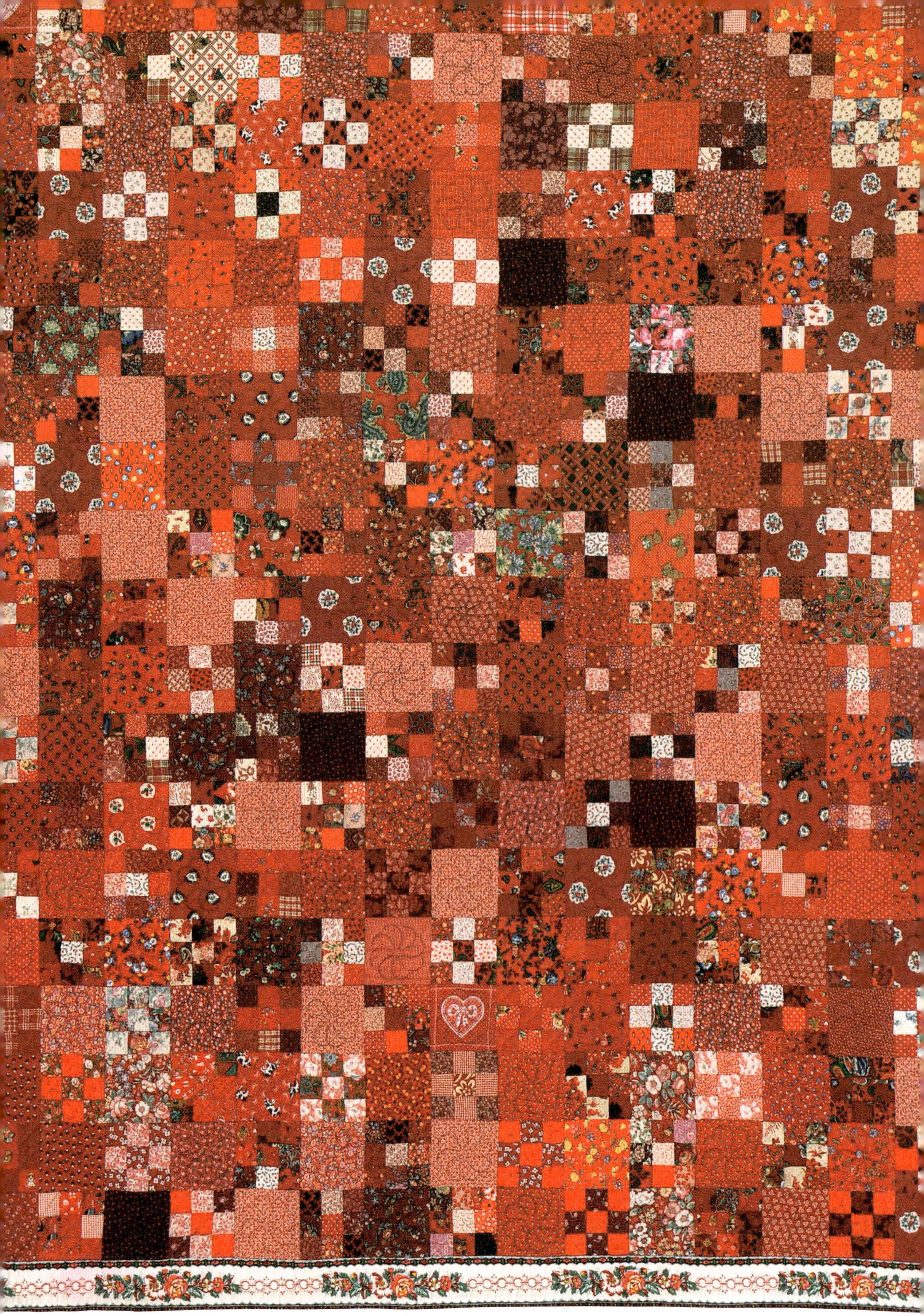

私の好きな赤いキルト

春になると私、家にいるのがもったいなくて、休日は朝からお弁当作り。ツナに玉子にハム。おいしいサンドイッチを作ります。ついでにしぼりたてのジュースと新鮮なフルーツ、そして丸ごとのレタス。

あっと、もうひとつパッチワークのキルトマットも持っていきます。思い切り春色で、冬中かかって作ったキルト。近くの公園で、青空に向かってぱらんとキルトをひろげ、惜しげもなく草の上に敷きます。子供たちもうれしくて3人ごろん。手足を思いっきりギューッと伸ばして春の風に吹かれます。小さい時から私のパッチワークキルトにくるまれて育った子供たちは、新しいキルトが大好き。誰のものになるかよくもめたりして。一番チビの男の子までキルトの優しい感じが好きでした。

私のキルトはいつも誰かさんが待っていてくれます。だからやめられないの、パッチワーク。

私の好きな赤いキルト　180×180cm　1995年

我が家のクリスマス物語

クリスマスのヒイラギ　120×150cm　1999年

私には思い出に残るクリスマスツリーがあります。それは、横浜の本牧のベースに住んでいた幼い頃のことです。日本のクリスマスより1カ月早い11月に入ると、あちらこちらの家の庭にある樹木に、小さな電飾をたくさんつけて、クリスマスを祝います。中でも忘れられないのは、丘の上にあったファイアーステーションの大きな木につけたイルミネーションでした。赤や青、黄色、いろいろな色がそれはとてもきれいで、どこからでも見えました。幼い私は父に抱かれて、そのクリスマスツリーを見に行くのが大好きだったそうです。その後、悲しいことに父はアメリカに帰ってしまい、母と私はベースを離れることになりました。

少女になってからも、11月になると、その思い出のクリスマスツリーを遠くから見ていました。もう今ではベースもなくなり、残念ながらその思い出の大きな木も切られてしまいました。

父との思い出のひとつとして今でも脳裏に焼きついています。

マイレとチューブローズ
90×60cm
2000年

クリスマスカーディナル
130×135cm
2004年

いちばん大切なもの

時々、ひとりで旅をすることがあります。ほとんど仕事なんですけどね。そんな時は、いつもの朝より早く起きてしまいます。せっかく今日は、ご飯の支度もお掃除もないのにね。

ホテルの窓を開けて、気持ちのいい空気を部屋に入れます。あたたかいミルクティーと焼きたてのパンをオーダーして、ゆっくりといただきます。

こうしてひとりでいると、いろいろなことを考えてしまいます。ずーっと母と2人で生きてきた頃のこと、突っ張って仕事をしていた頃のこと…。

やっと見つけた大切な人と結婚した2カ月後、母を見送りました。悲しみに体中を包まれてしまった時、お腹の中で新しい家族が動きました。もしあの時娘がいなかったら、私はどうしてあの悲しみを乗り越えることが出来たでしょう。2人目の娘が生まれた時に田舎暮らしを始めました。富士山の麓、穏やかな時間の中での子育ては、キラキラとした私の宝物です。3人目の息子が生まれた時の勝野の嬉しそうな顔は、今でも忘れられません。

それから5人乗りの小さな舟は、愛を信じながら大きな海をゆったりと進んでいるのです。いくつかの波は立ったけど、5人でいれば何も怖くはありませんでした。いつだって私のそばには、勝野と3人の子供たちがいてくれました。この家族がいなかったら、きっと今の私はいなかったでしょう。不思議ですね。ひとりでいる時に、なぜだかとくに家族の愛を感じるの。

そして心の中がほっとあたたかくなるのです。

part 2

ハワイで出会った
おおらかなスタイル

ハワイアン
キルト

Hawaiian Quilt

25 カラパナからの風　270×250cm　2015年

青いパンの木のベッドカバー

青いパンの木のベッドカバー　270×270cm　1989年

ハワイアンキルトに出会ったのは、生まれ故郷であるハワイに家族で出かけた時でした。オアフ島の北側にあるハレイワという町のレストランに、パンの木を大胆にかたどったハワイアンキルトが飾られていたのです。「なんて、おおらかなんだろう！」

当時はパッチワークキルトの制作に追われ、細かいピーシングを繰り返す毎日だったから、そのおおらかなデザインや2色使いのシンプルさに、とても心惹かれました。

大胆なモチーフ、波打つようなキルティングの縫い目。すべてがとても新鮮でした。

それから1年ほどして作り始めたのが「青いパンの木のベッドカバー」。頭に刻みつけておいたイメージをもとに、自分なりに型紙をおこして作りました。

私のファーストハワイアンキルトです。

海を渡ってやってきたパンの木

ウル　210×210cm　2008年

星を羅針盤に数千キロも海を渡る航海術を持ったポリネシアの人々が、マルケサスやタヒチの島々からハワイにやってきたのは3、4世紀頃のこと。このとき、新しい故郷を求める人々が、ダブル・カヌーと呼ばれる2つのカヌーをつないだ独特の乗り物に積み込んできた多くの植物のひとつに、パンの木がありました。自分たちが移住すべき土地であるかどうかを見つける方法は、ココナツの実とパンの木の苗を植えて1週間様子を見ること。この2つが根づかず育たないところは、自分たちが住めない場所。故郷を見つけるための、道しるべになったといわれる大切な木なのだそうです。

こうして、はるか昔からハワイアンの暮らしを支えてきたパンの木(ウル)は、キルトパターンの中でもっともポピュラーなもの。作り手自身にさまざまな実りをもたらすパターンと信じられています。シンプルでいて、力強さがあって、私自身もハワイアンモチーフの中で、一番好きなモチーフです。

ハワイのお話あれこれ01

8つのハワイ

「ハワイの島でお好きな島はどこですか?」とよくみなさんから聞かれます。

少し前までは、ハワイといえばワイキキ＝ホノルルと思っていた方が多くて、他の島は名前も知らない方がほとんどだったのに、CMのせいでしょうか。ジェイク（シマブクロ）がウクレレを弾きながらシックスアイランドと言っているのをきっと覚えているのでしょう。

でも、実はハワイは6つの島ではなくて8つの島なんですよ。キルトのデザインにもするハワイの国旗に赤、青、白8本のラインが入っています。それは8つの島を表しているのです。

8つの島の中で最初に生まれた島がカウアイ島だと言われています。生まれた順に8つの島の名前を書きます。カウアイ・ニイハウ・オアフ・モロカイ・ラナイ・マウイ・カホオラウェ・ハワイ。

どの島もそれぞれに特徴があります。カウアイ島は古い島なので、おばあちゃんのように穏やかです。そして一番若い島が今まだ噴火が続いているビッグアイランド、ハワイ島です。

ハワイ島には2つの顔があります。サラッと明るいコナと、しっとりとしたオールドタウン・ヒロ。どちらも魅力的な町で、その町を取り巻く自然は素晴らしいの一言です。

8つの島の名前、是非覚えて下さいね。さて、私の好きな島は全部です。

すべての島々には優しさが溢れていて、どこに行ってもあたたかく迎えてくれます。

私がハワイを愛しているように、ハワイの島々も私を包んでくれます。

今年の夏にはどの島に行きましょうか。いろんなことに疲れた私は島々にいだかれて、リセットされるみたいです。そして、またがんばろうって思うの。不思議な島々ですね、ハワイって。

Aloha Aina ～大地を愛する～

先住ハワイアンたちはいつも心にアロハアイナ（大地を愛する）の精神を持っていました。野山に自生する草花までにもマナ（精霊）が宿ると信じ、海や山、そこに棲む生き物、植物すべてを大切にし、大地からの恵みに感謝して生きていたそうです。

私もハワイに行くと、花にインスピレーションを感じ、樹木にやすらぎ、海や太陽、火山からは勇気やエネルギーをもらいます。キルトに自然をモチーフにしたものが多いのは、自然に敬意を表す先住民のスピリットが多くのハワイアンの心に浸透しているからなのではないでしょうか。

成長と繁栄を意味するウル（パンの木）を出産祝いのモチーフにしたり、万病に効くと言われるノニを病気の友人のためのモチーフにしたり、それぞれの意味を考えながら、想いを込めてキルトを作るのも楽しいものです。

最近とても人気のあるモンステラのデザインは葉に穴があいていて、先が見える、前が見える、良いことがあると言われています。またアンセリュームはハートの形で長持ちする花なので、ラブフラワーと呼ばれ、好きな人にプレゼントすると思いが伝わるとも言われています。

そんなハワイアンキルトのデザインの意味を調べたりするだけでも楽しいものです。他にも王様のクラウンやケープなどをデザインモチーフにするロイヤルキルトがあります。これはなくなってしまった栄光のハワイ王国を偲んで作るキルトで、昔はハワイアンの人しか作らないルールがありました。今では誰でも自由に作れるようになりましたが、私もしばらくは作らなかったのですよ。

いくつかのルールはとても大切でなるべくならそれを守りたいと思います。動物や人のデザインをカットしない、黒い色のキルトは作らないなど、他にもあります。ハワイアンの人が大事に守ってきたカプ（タブーの事です）は私たちも守っていきたいですね。

キラキラハレアカラ

キラキラハレアカラ　265×210cm　2004年

このキルトは、白地にブルーをのせたとてもシンプルなものです。作るのに1年ほどかかりましたが、作っているときにとても穏やかな気持ちになるキルトでした。何年か前にカウアイ島のキルトショップで微妙に光るこの生地を見つけ手に入れました。デザインはイオラニ宮殿の花瓶に入った花にしました。アンスリウムにレッドジンジャー、そしてヘリコニア。好きな花を自由にデザインしてカットします。

青い糸を針に通し、まつり縫いを始めます。1日に2時間と決めて、夜後片付けが終わってテレビを消し、ハワイアンソングを聴きながら針を進めます。家族は好きなことをしています。本を読んだり、学校に出すレポートを書いたり好きなことをしています。珍しいことにパパがコーヒーを入れてくれました。ミルクをたっぷり入れて、心の中まであたたかくなります。ゆっくりした時間が流れていきます。

3カ月ほどでアップリケが終わり、いよいよキルティングです。丸いフープにはさんで、今度は銀のラメ糸で縫います。季節がちょうどひとまわりした頃、1年のたくさんの思い出と家族の励ましを縫い込んだキルトが出来上がりました。

娘に贈るウエディングキルト

ブライダルプルメリア　215×215cm　2001年

2人の娘たちは成人を迎えました。周囲の方から「いつお嫁に行ってもいいわね」と言われると、「ずっと行かなくていいんだよ」と父親が不機嫌になるのは、きっとどこのお宅でも同じなのではないかしら。嫁いでゆく娘たちのためのウエディングキルトのうち、長女のキルトは、数年前に作り終えていました。今回、次女のために作り始めたのは、優しい色合いで、淡いピンクのプルメリアがたくさん咲いているキルト。

そのキルトがやっと出来上がりました。2人の幸せを願いながら作ったキルトとともにいつかパパも笑顔で娘を送り出せたらいいのですけれど…。

どこかに、パパのひと針を入れておきましょうか？

ハワイのお話あれこれ02

雨のおくりもの

さっきまで青い空が広がっていたのに、ポツリポツリと。来たかなと思った途端、雨はザーッと激しく降り出しました。ホテルからヒロの町まで歩いて行こうと思っていたのに…。

幸いスイサンマーケットのベンチが空いていたので雨やどりすることにしました。髪もTシャツもびしょびしょ。バッグから取り出したタオルで拭きながら周りを見ると小さな先客がいました。

10歳になるかならないかの大きな目をしたハワイアンの女の子です。レッドジンジャーの花を両手に抱え、ニコニコ笑っています。「アロハカカヒアカ（おはよう）」と声をかけると、消え入りそうな声で「アロハカカヒアカ」と返してくれました。「寒くないの」と聞くと、「大丈夫」と言った女の子の髪も濡れていました。

私のタオルでそっと拭いてあげると「マハロ」とお礼の言葉、雨はますます激しくトタン屋根をたたき、すべての音を消してしまいます。女の子は私の小さな頃になんとなく似ていて、私もなんだか昔に帰ったような不思議な気持ちになってしまいました。2人で黙ってベンチに並んで座り、雨で煙る道を見ています。しばらくすると雨は来た時と同じにポツリポツリになりました。少女は立ち上がって私にレッドジンジャーの花をひとつ差し出し、「アロハ」と言って駆け出しました。今まで雨に包まれていた町が少しずつ動き始めます。燃えるようなレッドジンジャーに鼻を近づけると、胸の中までやさしい香りでいっぱいになりました。

スイサンの横の橋を渡り、ヒロのダウンタウンに向かう私はとても幸せな気分です。たぶん町の入口にある市場に彼女はいるのでしょう。

もう少しレッドジンジャーが欲しいので買うことにします。3日間しかいないホテルのお部屋に飾りましょう。ステキな3日間になるように…。

ほんの小さな出逢いでしたが、私の心がぽっと温かくなりました。

バニヤンツリー

モアナ・サーフライダーの中庭は、いつもと同じように大きなバニヤンツリーが心地よい日陰を作っています。今日のワイキキはコナ・ウィンド。サーファーたちは波をつかまえては気持ちよさそうに風を体中に受けています。

フローズンダイキリをオーダーして、読みかけのリンダ・ハワードの本を開きます。プールサイドからは楽しそうな子供たちの声。なんて穏やかな日でしょう。ゆっくりと時間が過ぎて行きます。

このバニヤンツリーが私にとって大切な木になったのは37年前のことです。この木の下で大切な人が「一緒になろう」と言ってくれました。その言葉の力は海の音も周りのざわめきもすべて止めてしまい、不思議な光が私たちを包んだ気がしました。誰でもそんな感覚になったことがあるのではないでしょうか？ それからずっと私の横にいるその人は、変わらずに優しい目をしています。

時々2人でここに来ると、温かい幸せで胸がいっぱいになります。バニヤンツリーは、そんな私たちをいつも見ていてくれるような気がします。

あっ、いま風が変わったみたい。キラキラ光る海が少しずつオレンジ色になってきました。なんだかとっても幸せな気分。きっとバニヤンツリーのおかげでしょうね。

お気に入りのモンステラ　240×240cm　2009年

レインボーファンタジー　240×235cm　2008年

むら染め布について

サマーレインボー　220×215cm　2010年

私が手染めの布を使うようになったきっかけは、河本昭郎先生との出会いにあります。はじめて河本先生にお会いしたのはパッチワークを縫いはじめて3年ほど経った頃でした。

タレントを忙しくしていた私は渋谷の公園通りの上の方に住んでいました。その近くで「サイフォン」と言う手作り&キルトのお店をオープンしたのが河本先生でした。美しいむら染めの布やその頃では珍しかったUSAプリントの布をミニカットにして置いてある…。そうです。今のキルトショップのはしりのお店で、私は入り浸っていました。むら染めで作るキルトはやさしい色合いで私のお部屋にぴったりでした。特にハワイアンキルトはとっても良い感じに出来上がり、その好みは現在まで続いています。

今はアトランタやミネソタの友人が染めてくれますが、まるで絵の具のように私の作りたい心を刺激して、新しい布を送ってもらうたびにデザインが浮かんできます。この2人を紹介してくださったのも河本先生でした。心から感謝しています。きっとお空の上で見守ってくださっていることでしょう。

さあ今日もすてきな布がミネソタから届きました。何を作ろうかしら。最高に楽しい時間です。

母の日の〝マザーフラワー〟

遥かなる山の唄　245×220cm　2012年

忘れられない景色があります。何年か前に家族で訪れたマウイ島。母の日が近い5月のことでした。マウイに行くと必ずランチを食べに行くクラ・ロッジというレストランがあります。入口にエンジェルストランペットが美しく咲いている店です。ここのガーデンは自由に散策することが出来るので、美味しいランチをいただいて、ゆっくりとホロホロ（散歩）します。

ふっと見ると遠くにカフルイ、ワイルク、キヘイが一望出来ました。こんなにきれいに見えるなんて珍しいこと。ちょっぴり得した気分！　すっかりリラックスして宿泊先に帰る途中、いくつかのカーブを曲がった時、新緑に輝くスロープの中に美しい紫色の花をたくさん咲かせた木があちらこちらに見えてきました。

はらはらと散る花は道をすっかり紫色に染めています。

花の名はジャカランダ。思わず車を止めて、木の下に立ってみました。うっとりとした甘い香りがたちこめ不思議な感じ。そのとき私、思い出したの。母がこの花のことを話していたことを。「マウイの人はジャカランダのことをマザーフラワーと呼んでいるのよ。風

ティアレ・タヒチ　225×220cm　2012年

に吹かれて散っていく様が、まるで優しいお母さんに包まれているようでとても温かい気持ちになるんですって」

本当にそうです。お母さん、いま私、なんだかあなたに包まれているような懐かしさで胸がいっぱいになりました。もうずーっと前に星になったあなたに会えたようなそんな気持ちです。

あなたにも母の日の素敵な経験がおありですか？　私にとって、マウイの5月の風がくれた、素敵なプレゼントでした。

先日、マウイへ行ってきました。もうジャカランダの花はすっかり終わってしまって、生き生きとした緑の葉がやさしい日陰を作っていました。暑い日差しの中、その日陰はまるでお母さんが私達を守ってくれているようで、やっぱりジャカランダはマザーツリーですね。

ハワイアンキルトが好き！

ハワイアンキルトは布の上にたくさんの花が咲いたり、生き生きと魚たちが泳いだりと他のキルトにはない自然を感じることができます。私はそこが好き！　他にもフラの楽器や王様のクラウンやカヒリ、ハワイの歴史や伝説。布をカットして縫っただけで広がるハワイの世界、ねっ、夢中になるのわかるでしょ。美しいハワイの海の中にいるカラフルな魚たちやサンゴをイメージしながら作っている時に私はイルカのように海の中を自由に泳いでいる気がします。海の守り神のホヌ（亀さんです）はユニークな形、やっぱりナイヤ（イルカのこと）はカッコ良くジャンプさせたい。波は海の生き物たちをやさしく包み、海のパターンは物語を感じさせます。

このキルトは息子、洋輔の旅立ちを思いながら作りました。洋輔がフランスに留学した時に持たせたかったのに間に合わなかったのです。結局、出来上がったのは留学して何年もたってからでした。まっ、そんなものですね。

ワイキキの浜辺でのんびりと　230×240cm　2010年

spring

春

おだやかな春は
美しい
ピンクジンジャー

summer

夏

きらめく夏は
優しい影を作ってくれる
ヤシ

autumn

秋

夕焼けのきれいな秋は
キングが愛した花
ヘリコニア

winter

冬

夜が少し涼しい冬は
深いジャングルの
中に咲く
アンスリューム

各250×250cm
2006年

ハワイ王朝ゆかりのキルト

クラウンとカヒリ　260×225cm　2015年

ハワイを統一したカメハメハ１世は、ハワイ島の北部コハラで誕生しました。ハレー彗星出現の夜に生まれたとも言われ、その名カメハメハは「淋しき孤独なる者」という意味。王の家系に生まれながら、「王を殺す者になる」との予言のために人里離れた山の中で誰にも祝福されずに生まれ落ちたと言います。この英雄の生涯は伝説化され、島々にさまざまな言い伝えが残されています。このカメハメハ大王から８代、わずか百年ほどで王朝は滅びてしまいます。

現存する歴史的なフラッグキルトの数々は、ハワイ王国との決別のキルトという特別な意味合いを持つ神聖なものとして、扱われていたそうです。

今では、かつてのハワイ王国への郷愁を込めたキルトとして受け継がれています。キルトのモチーフとして使われるのは、カメハメハ大王の指示でデザインされたというハワイ王朝の紋章、髪飾りや羽飾り（カヒリ）といった王族ゆかりの装飾品など。王家の色とされる赤と黄色は、カメハメハ大王が生まれた場所に咲き乱れていたヘリコニアの色、大王がこよなく愛した色なのだそうです。

プリンセスカイウラニ

プリンセスカイウラニ　245×215cm　2002年

ハワイ王朝最後の女王リリウオカラニの姪が、プリンセスカイウラニです。女王の妹リケリケと英国人の間に誕生したプリンセスの美しさと高い教養は、当時ハワイを訪れる各国の知識人の称賛の的でした。彼女が住んでいたワイキキの屋敷には、白い孔雀が放し飼いにされ、こよなく愛したピカケの花が咲き乱れていたといいます。王朝滅亡の波に翻弄され、23歳の若さで急死した薄幸のプリンセスをハワイの人たちは今でもとても愛しています。

ラハイナのロケラニ　210×205cm　2015年

天国のバラ

私の友人が住んでいるクラはハレアカラ山のふもとにあります。マウイ島の中でも比較的涼しくておいしい野菜が採れます。マウイオニオンもここで作られているのですよ。そんな気候なので美しい花も咲きます。特にプロティアは有名で、プロティアプランテーションがあるほどです。いつだったかしら、その友人の家を訪ねた時、庭の大きなテーブルでランチをいただきました。少し霧が出ていて真夏なのに肌寒い日でした。何を食べたかすっかり忘れてしまったのに、そのうっすらとした霧の中に咲いていた小さな可憐なバラの花のことがずーっと気になっていました。だって本当に可愛かったのよ。うすい緑の葉に隠れて咲いているの。美しいピンクのバラです。そう、それがマウイのバラ、ロケラニだったのです。

このキルトはその葉に隠れたバラをデザインしました。繊細な感じが出ていますか？　クラに住む大切な友人マギー、今でもマウイのバラは美しく咲いていますか？　また、遊びに行きますね。

プルメリアとロケラニをレイにして　215×215cm　2004年

Flower in Hawaii

ginger：ジンジャー

bougainvilles：ブーゲンビリア

angels trumpet：
エンジェルストランペット

lehua：レフア

hongkong orchid：
ホンコンオーキッド

hibiscus：ハイビスカス

ulu：ウル

taro：タロ

plumeria：プルメリア

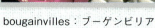

ハワイのお話あれこれ03

火の女神ペレの花、レフア

火と火山の女神ペレは、情熱的な恋多き女神で、ハワイ島の活火山キラウエアのハレマウマウに住んでいます。ペレが登場する伝説の中から、オヒアレフアの伝説をご紹介しましょう。

ある日、ペレが海岸で見初めた若者オヒアには、レフアという美しい恋人がいました。2人を引き裂こうとしたペレは、森の中の仕事をするよう、オヒアに命じます。あまりにも厳しい仕事のために、崖で命を落としてしまうオヒア。気の毒に思ったペレは、オヒアの身体を醜い木に変えてしまいます。何も知らないレフアは、何日も森を探しまわったあげく、オヒアと同じ崖に落ちて死んでしまうのです。ペレはレフアを哀れに思い、真っ赤な花に変えてオヒアの木にそっとのせてあげました。こうして、この世で結ばれなかった2人は、1本の木になって永遠にひとつになったのです。今でも、心ない人がレフアの花を摘むと、2人が引き離される悲しみに、雨が降るのだといわれています。ハワイ島のヒロに雨が多いのは、そのせいなのでしょうか…。

Hula

私の次女の雅奈恵はフラダンサーです。その影響で私もフラを始めたのですが、その頃からハワイの歴史をもっと深く知りたいと思うようになりました。フラこそがハワイの歴史を伝えるものだったからです。

文字を持たなかった古代ハワイアンは、楽しいことや悲しいこと、歴史や文化に至るまで、フラやチャント（詠唱）を通して語り継いでいったと言われています。ハワイに伝わる祈りの言葉や伝説は私にいつもたくさんの感動を与えてくれます。

キルトにフラのイメージを取り入れるようになったのも自然の流れ。フラの楽器であるイプヘケ（ひょうたんで作る打楽器）やウクレレ、伝説によく登場するレフア、神を讃える踊りに不可欠なレイに使うマイレの葉などを、娘やフラを楽しむ友人のためにデザインするようになりました。甘い香りのマイレは神様が宿った姿だとして尊ばれているつる科の植物。レフアの花の妖精ホポエはフラの名手で女神ヒイアカにフラを教えたとされるため、フラの踊り手にとって憧れの花。根底にある神々の物語を知ると、完成したキルトにもパワーを感じるから不思議です。

パパは晴れ男

明日は夏のキルトをビーチで撮影予定だというのに、今夜は夕方から雨が降り続いています。天気予報もあまり良くないみたい。少しだけ心配そうな顔をしている私に向って、パパが言いました。『俺は晴れ男だから、大丈夫』。それを聞いた娘も、「そうよ、パパが雨雲をどこかに吹き飛ばしてくれるわ」と言いました。

次の日の朝、雨はやみましたがまだ雲は多めで、青空は少しです。パパと子供たちがサーフィンをしている間にキルトの撮影が始まりました。

さて、メインの夏のキルトの番になった時、薄日は差していましたが、ハワイの光が足りません。私は「太陽さん、顔を出して」と小さくお祈りをしました。波打ち際を見やると、パパがサーフボードを抱えて海から上がって来るのが見えました。するとどうでしょう、雲の小さな切れ目から日が差し込んで来ました。さあ、いまがチャンス！

撮影を終えた私に、パパがニッコリと笑いながら言いました。「な、俺は晴れ男だろう」そう、パパは立派な、晴れ男ね。

essay 1

いつもそばにお針箱がある

最初に自分のためだけのお針箱を作ったのはいつだったのかしら、どんなデザインだったのかしら、すっかり忘れています。きっとパッチワークを始めた頃に作ったのでしょうね。今使っているお針箱は何個目になるのかしら。

いろんなデザインでたくさん作りました。いつでもどこでも縫えるようにと持ちやすい大きさや形を考えて…。糸はいっぱい、ハサミに指ぬき、待ち針も縫い針も全部入っていて、パッと開ければその場がアトリエになる、なんてね。だって私、ずっとアトリエがなかったんですよ。ダイニングの机が私のアトリエ。朝食の片付けをして夫や子供たちを送り出したらパッパと掃除をしてお茶を入れて、10時からのチクチクタイム。ちょっとお腹が空いたなと思ったらもうとっくにお昼を過ぎてる。ランチはクッキーか食パンを口に入れてもう少し縫う。だって生徒たちに見せる見本を作ることが多かったからいつも時間が足りない。御殿場に住んでいて子育てしていた頃は本当に忙しかったのよ。

夕食の下ごしらえをしてまた、チクチク。あっという間に子供たちが帰ってくる時間になっちゃう。縫うのをやめて、途中のキルトはカゴの中にしまい、後はザーッとお針箱の中に入れちゃう。これで終わり。また縫いたくなったらお針箱を広げればOK。ねっ、やっぱりお針箱が必要でしょ!

今はもう子育ては終わってしまったけど、忙しさはあの頃以上。あちらへ行ったり、こちらへ行ったりと大忙しです。その移動時間にもお針箱が大活躍。新幹線の中や飛行機の中でチクチク縫っていました。でもそんな時間が大切で締め切りのある作品を作るときには本当に助かりました。

最近使っているお針箱がこの3つ。その前のお針箱はどこかにしまってあります。いつか探してみましょうね。

あなたのお針箱はどんなのかしら? 何だか新しいお針箱が作りたくなっちゃいました。

２０１７年１月

part 3

きっかけは布との出会い

ステンドグラスキルト+etc.

Stained Glass Quilt +etc.

ステンドグラスに咲く花たち

クレマチス（夏）

さくら（春）

ニューヨークのメトロポリタンミュージアムで見たティファニーの古いステンドグラス。私は、たくさんの色で構成されたグラデーションのガラスの美しさに心を奪われてしまいました。これを布で作れたらと思い、ステンドグラスキルトを縫いはじめました。試行錯誤を重ねて、やっとたどりついたリバースアップリケは、簡単で華やかに仕上がるとっておきの手法。光や風や透明感がある布を使い、出来上がったキルトは、本当のステンドグラスのように美しく壁を飾ってくれます。

冬の朝に（冬）
各125×40cm
2000年

ガレのぶどう（秋）

ビーチパラダイス

パラダイスオブハワイ　200×200cm　2012年

いつ訪れてもハワイの青い海と空は素晴らしいです。ハワイの花々に囲まれた幸せな夢をクラスの仲間たちと1枚に縫い上げました。

このキルトには、ハワイの代表的な花がいっぱい入っています。トーチジンジャー、シェルジンジャー、レッドジンジャーにブーゲンビリア、ティアレにモンステラ、ヤシの木も揺れているでしょ?

ハワイへはなかなか行けないけど、縫ってる間は心はハワイへ旅していま す。このハワイの海のキルト、壁に飾るとそこだけがまるでハワイのようになりますね。

ステンドグラスキルト

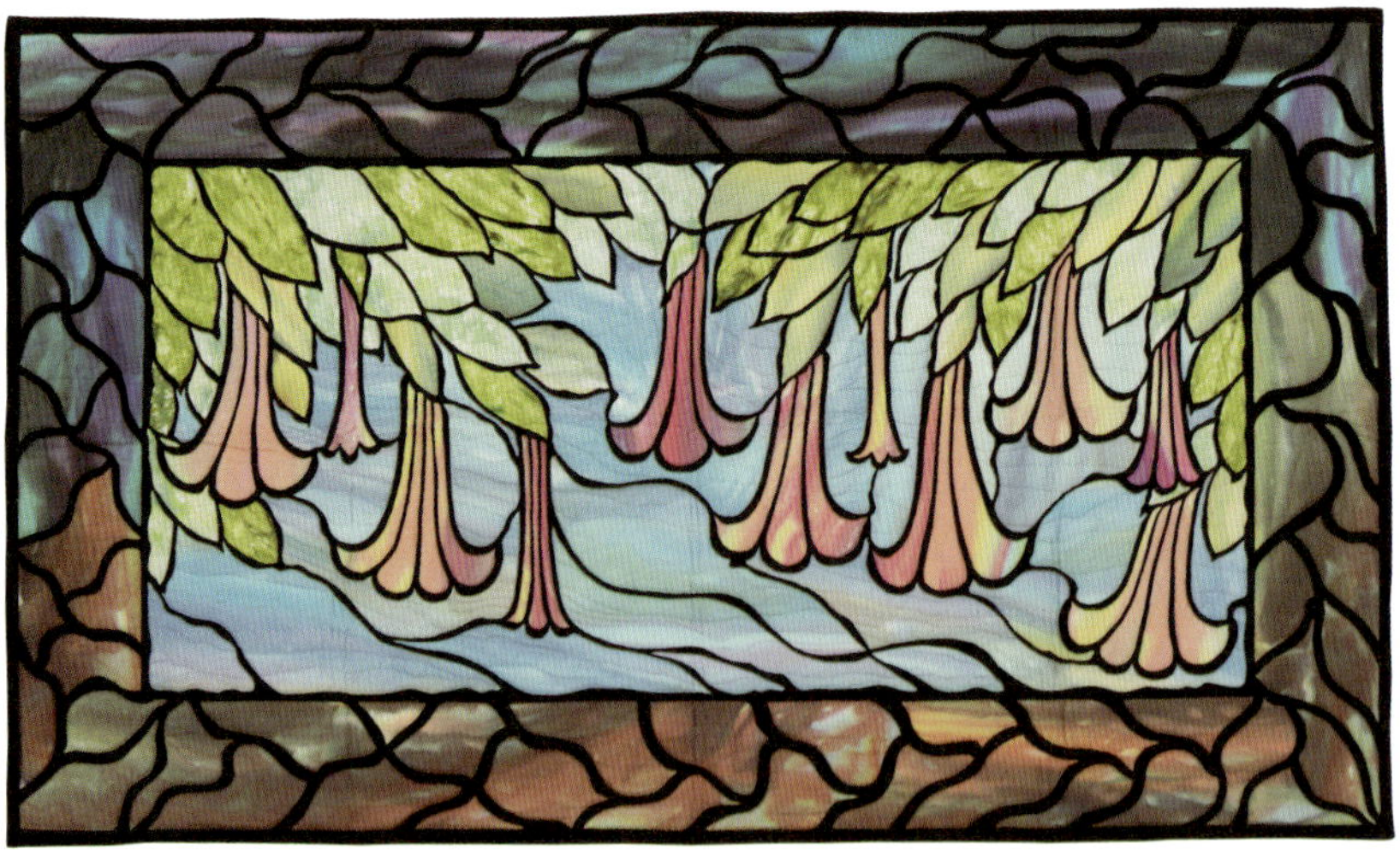

生家に咲いていた
エンジェルス
トランペット
90×150cm
1998年

ジョナゴールド
75×130cm
2001年

右
パルテノンのバラ
200×120cm
2002年
左
風に揺れるポピー
95×50cm
1999年

青いグリフォン2
160×95cm
2003年

私、実は絵を描くのが苦手でとっても下手です。特に絵具を使って筆で描くとなんか変で、自信がなくて嫌いでした。それが、パッチワークを作るようになって、アップリケキルトもするようになって、布を使って表現することが楽しくなってきて、ステンドグラスキルトを作るようになりました。ところが、最初の頃のステンドグラスキルトは、布をデザインに沿って貼り付け、その境を黒いバイアステープで隠す、そんな作り方でした。それでは細かいカーブややさしい流れが出せません。どうしたらいいのかと悩んでいた時に出会ったのがリバースアップリケのテクニックでした。このテクニックに出会ってからは、自由に自分が思い描いた世界観を出すことが出来るようになりました。風を感じさせる手染めの布をアトランタのステイシーにオーダーして、まるで絵を描くようにキルトを作れるようになりました。この青いグリフォンは2枚目。息子の洋輔の守り神として作りました。1枚目（16ページ）は黒いバイアステープで作ったので雰囲気が違うでしょ？ 2枚目の方が好きです。さあ次は孫の八瑠子の守り神でも作りましょうか。

トライアングル＆デイジー　250×200cm　2007年

サンプラーズカーニバル　250×200cm　2002年

あふれんばかりの陽光と青空。息をはずませながら石段を登って行くと、頂上には石造りの小さなホテルがあり、眼下には紺碧の海がどこまでもどこまでも広がっていました。海を眺めているうちに、その昔、エルバ島に流されたというナポレオンのことや、出会ったばかりのお日さまの香りのするプロヴァンスの生地たちを思い出しました。

そうだ、プロヴァンスの生地でマリナーズコンパスを作ったら、どんなに素敵かしら、黄色と青と赤…。頭の中がパッチワークで、いっぱいになってしまいました。

essay 2

バッグが大好き

ねえ、自分にピッタリな、他の人が持っていないバッグっていいと思いませんか？　私はブランドのバッグも好きだし持っているけど、毎日使っているのはキルトのバッグ。何といっても軽いし、サイズも自分に合わせて作っているから持った時にしっくりくる。それから何よりも作っている時が楽しい。このバッグを持ってどこに出かけようかしらなんて考えながら作るからけっこう早く出来上がる。

それでもひとつ作り上げるには1カ月くらいかかります。だから好きな色合いで作らないと嫌になっちゃう。もともと性格が明るい私はやっぱり明るい色が好き。でも持っている服を考えると少しは抑えた色のバッグも欲しい。ほらね、いろいろと考えると楽しいでしょ。誰も持っていない自分だけのバッグ、作ってみませんか。

ここにご紹介する3つは、この頃私がよく持ち歩いているバッグです。トートバッグは、作りかけの作品を入れて仕事場に持って行きます。大きめに作ってありますので、タレントの仕事に行く時も便利。メイクポーチも着替えの服もたくさん入ります。持ち手は今気に入っているハトメを開けてつけるタイプです。ブルーの地にエンジェルストランペットのデザインの方は（左頁上、左）ステンドグラスキルトで作っています。少し前に作ったものですが何回も洗って使っているんですよ。特にハワイへ行く時には絶対に持って行きます。ムームーを着て、ワイキキをブラブラする時にピッタリでしょ！　もうひとつは、パッチワークの上にステンドグラスキルトをのせています（左頁上、右）。色数を多くつなぎ合わせてその上に一重のバラをステンドグラスキルトで作りアップリケしています。とっても新しい手法ですね。これはパリの街を歩く時にピッタリでしょ。そしてボストン型のバッグ（左頁下）は最新作です。息子の洋輔とデザインの打ち合わせをして、甘くなく、男子も持てるバッグを作ろうということになり、ハワイの人のアイデンティティのタロ芋の葉とタトゥをステンドグラスキルトにして使いやすいボストンバッグにしました。持ち手を少し長くして肩にかけられるようにしてあります。これなら重くなってもＯＫ。1泊くらいの旅にもいいでしょ。

さて、次はどんなバッグを作ろうかしら。

２０１７年1月

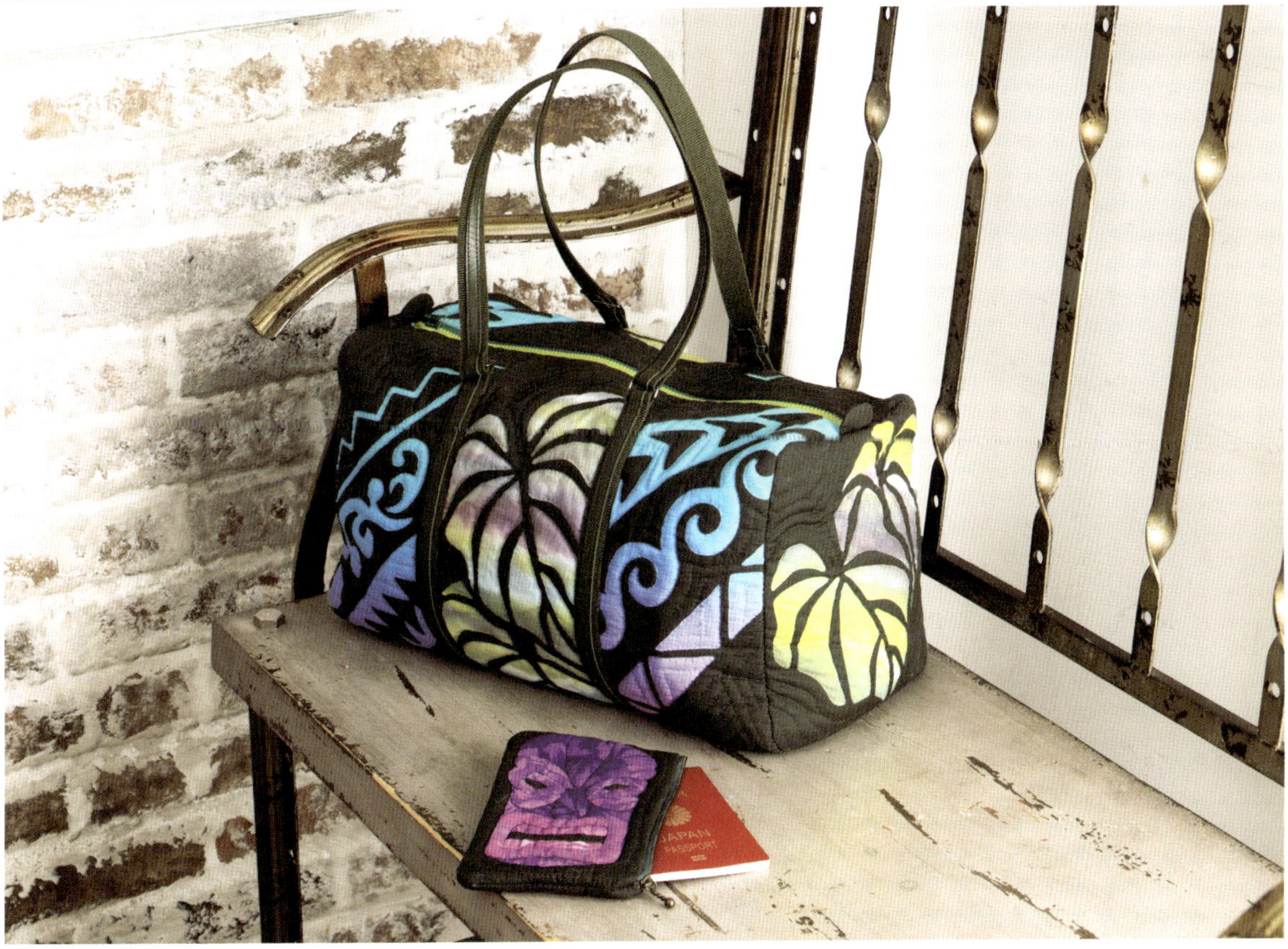

part 4

キルトの花園を
キャシースタイルで

フローラル
アップリケキルト

Floral Applique Quilt

私の小さな庭に春が来た

私の小さな庭に春が来た　230×190cm　2002年

東京に暮らしはじめて8年が過ぎようとしています。忙しくてなかなか山の家（御殿場）に帰れない時、さみしくないように小さなテラスに鉢植えのバラとライラックが置いてあります。ライラックの根元にはムスカリをたくさん植えました。水やりは忘れないようにしていたけど、それ以上のことは何もしていません。しばらく忘れていたらいっせいに美しい花を咲かせていました。そう、春が来ていたんですね。なんだかすごく申し訳なくなって、たっぷりと水をあげました。「もう忘れないようにしましょうね」と、花たちが微笑んだように見えたのは気のせいですよね。

7年のバラ

7年のバラ　225×190cm　2007年

これは私の家族のキルトです。中心が私で、パパ、長女、次女、長男が私を囲んでいるのです（実は内緒なんですけどね）。ハートはバラと葡萄です。パパが大好きなアルベルティーンというバラをはじめ、フェリシア、マチルダ、グラハムトーマスなどをデザインしました。

左側は光が当たって明るい私、右側は影の部分で、悲しいことや辛いこと、苦しいことを描いています。そんな私をいつも励まし支え続けてくれたのは家族でした。

5人で助け合って生きてきた私たちに2009年、悲しい別れが来ました。長女の七奈美が肺ガンで亡くなったのです。

家族のバランスが崩れ、どうにもならない思いをした時にこのキルトが教えてくれました。そばにいるよと。いつでも一緒だよと。形はなくなっても心は一緒だと気づかせてくれた、私の大切なキルトです。

ガーデニングキルト

私の理想の生活は、お天気の良い日は庭にいて土をいじったり花を摘んだり、緑の中で過ごし、雨の日には心地よい音楽を聴きながらパッチワークキルトをチクチク縫う。つまり「晴耕、雨縫い」。これが最高の私の贅沢です。仕事をしている私には、なかなか無理なことですが、小さな時間を見つけては庭に出て、バラの花がらを摘んだり、土に肥料を撒いたりしています。四季折々にやらなくてはいけないことがあるガーデニングは、子育てを終えた私に新しい楽しさをプレゼントしてくれました。

私はつぼみが少しずつ開いていく様を写真に撮り、キルトのデザインにしました。そのアップリケが、アメリカのキルトコンテストで賞をいただいたりして、思いがけない幸せを感じています。庭から生まれたこのキルトたち、名付けてガーデニングキルト。みなさんのキルト作りに少しでもお役にたてたら嬉しいです。

（右上）家の屋上にある空中バラ園。（右下）ピンクのバラ、アルバンティン。
（左上）季節の花々が楽しめる私の憩いの場。（左下）ねこたちもバラ園で日向ぼっこ。

10年愛ローズ

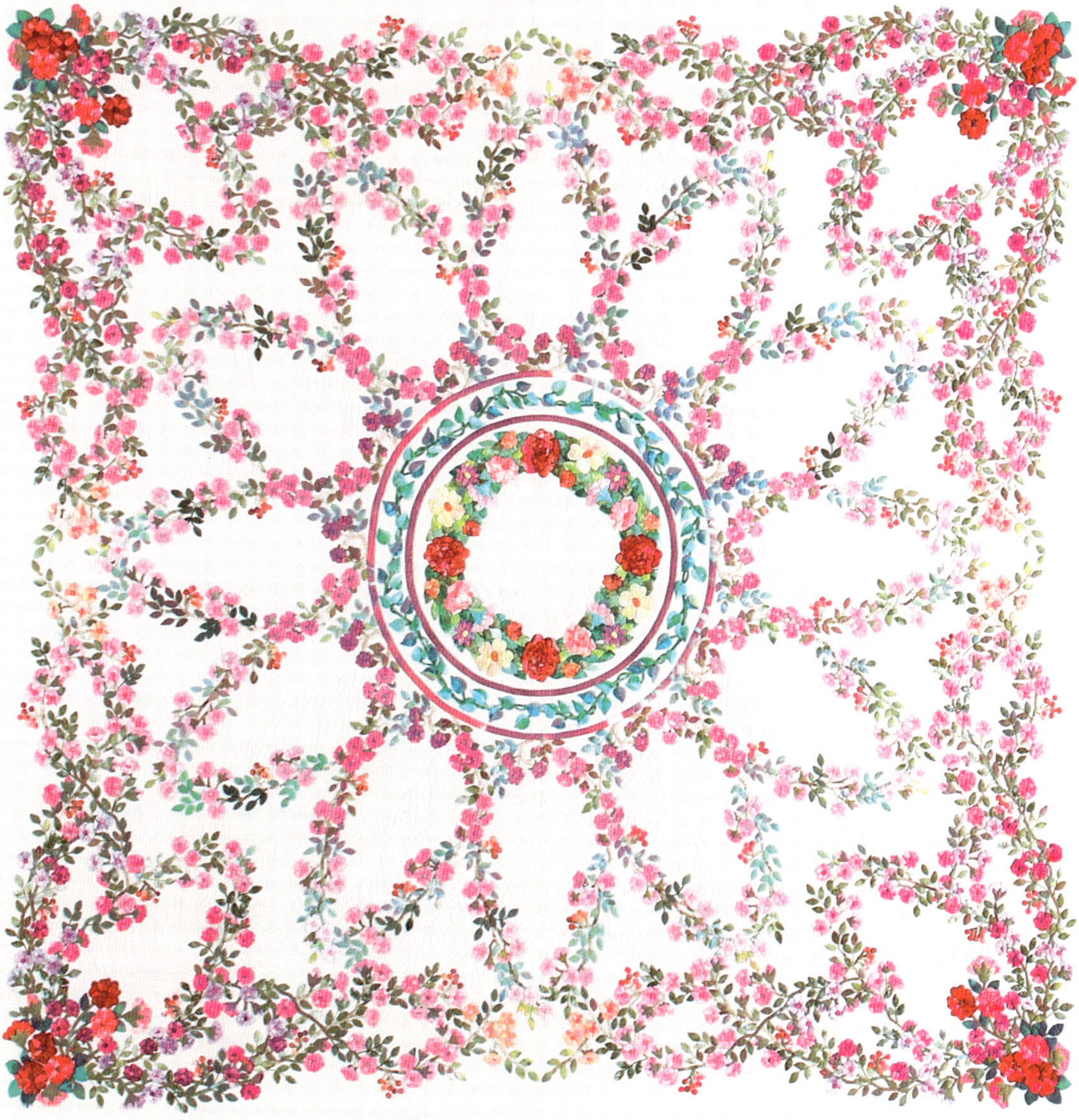

10年愛ローズ　205×205cm　2007年

本当は10年ではなく、18年以上かけて作ったキルトです。縫ってはやめ、縫ってはやめをくり返してやっと出来上がりました。タンスに入れていた時間のほうが長かったみたい！　ちょっと時間かけ過ぎよね。

でもみなさんもそんな作り途中のキルトがありませんか？　私はそんなキルトを「チュウトキルト」と呼んでいます。そのままにしまっておいたら忘れられて、ずっと出来上がらないものになっちゃうけど、少しずつ毎日10分間でもいいから、チクチクすると絶対出来上がる。いつか誰かをあたためるキルトになると思うの。押し入れのお掃除をしながらそんなチュウトキルトを救出しましょ。

「ＡＱＳ主催キルトコンテスト２００８」（ケンタッキー州パデューカ）ハンドメイドキルト部門第１位受賞作

サンシャインローズガーデン

サンシャインローズガーデン　230×230cm　2003年

毎年、アメリカで開催されている2つのキルトコンテストに挑戦していています。ケンタッキー州のパデューカという小さな町と、テキサス州ヒューストンで行われているコンテストには、全米をはじめ、世界中のキルターが応募してきます。私だけではなく、私のスクールに長く通っている生徒さんもこのコンテストを目標にしています。幸いなことに、いつも高い評価をいただいています。コンテストでの受賞は父の国、アメリカで評価していただいたことを心から嬉しく思う瞬間です。キルトを続けてきて本当に良かった！

このキルトは、アメリカ、バーモント州の美術館で見たマリナーズコンパスのキルトに感動して自分でも作ってみたいと思って作りました。複雑なパターンなのでとりあえず1枚のつもりが楽しくなって9枚も。

そして、庭に咲いていたバラをモチーフにしてパターンの周りにアップリケしたこの作品がアメリカのコンテストで素晴らしい賞をいただきました。

「IQA主催キルトコンテスト2003」（テキサス州ヒューストン）創設者賞受賞作

大好きな花たちを集めて
両手いっぱいの幸せキルトに

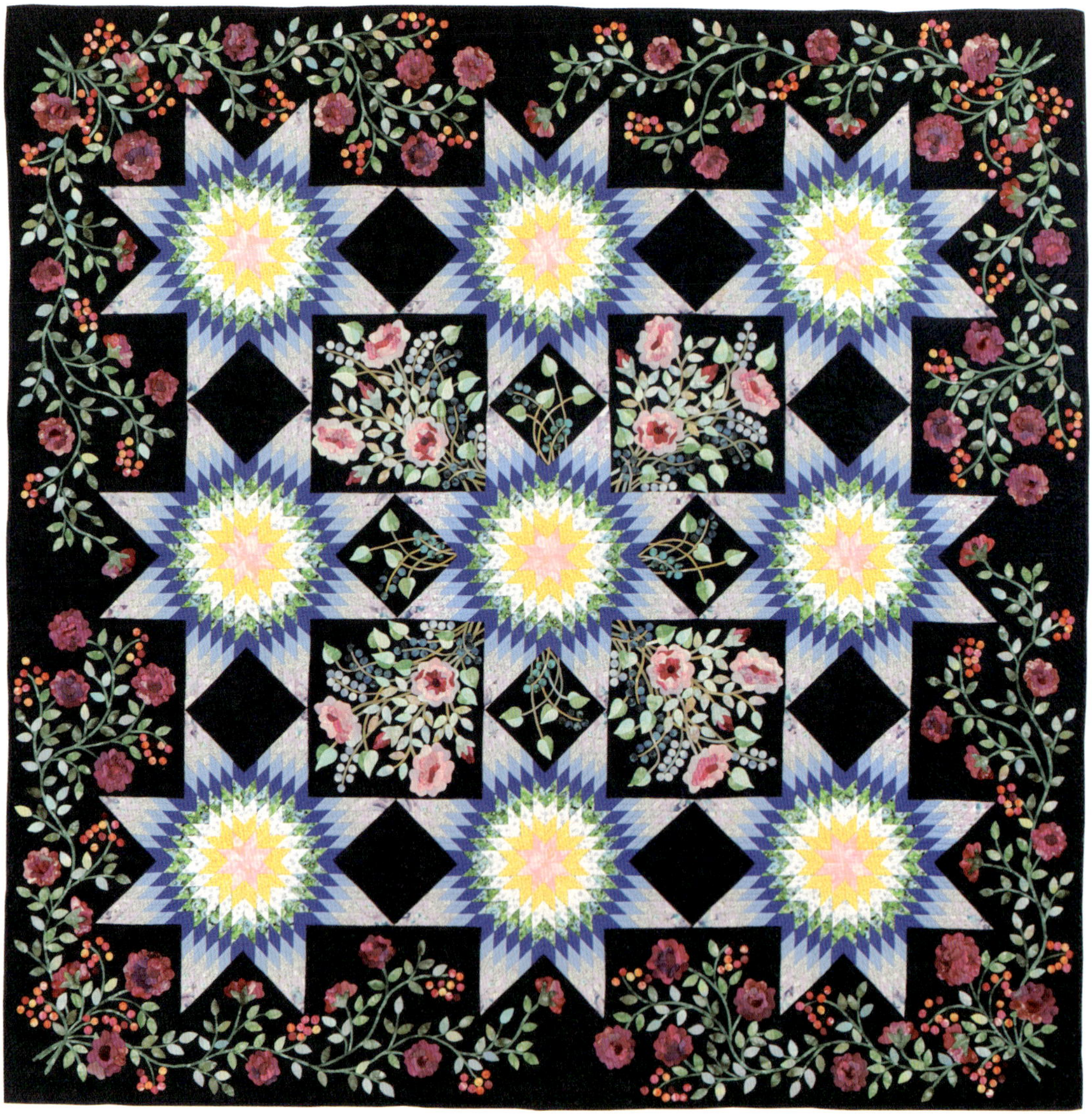

ブルーラグーンフラワー　250×250cm　2000年

毎年、主人は結婚記念日に両手で持ちきれないほどの百本のバラの花束をプレゼントしてくれます。優しいピンクから、ほのかな紫に染まる私の大好きなバラを、17年間ずっとです。昨年、私がおねだりして、庭にたくさんのバラを植えてもらいました。だって切ったバラは1週間しかもたないので、もったいないでしょ。庭に植えてちゃんと世話をすれば、毎年咲いてくれますし、長く楽しめますよね。いつか主人が植えてくれたバラのアーチの下でのんびりと、そのバラをキルトする日を夢見ている私です。

このキルトを作ってから、私たちは御殿場から三軒茶屋に引っ越しをしました。庭はほとんどないので屋上に庭を作りました。小さな庭ですけど、主人が私の好きなバラをたくさん植えました。「アルバンティン」というピンクのバラをアーチに仕立て、2人掛けのベンチを置いてくれました。5月になると甘い香りがあたりを包みます。仕事が終わった夜、ひとりでこのベンチに座ると、1日の疲れが取れていきます。空中のバラ園、私の宝物です。

スノーフレーク&ブルーローズ　210×205cm　2003年

ハートローズを集めて

ハートローズを集めて　195×195cm　2013年

20年一緒にキルトをしてきた大切な仲間と思い出に残るキルトを作りたいとハートのバラを咲かせました。4人それぞれ好きな色のハートのバラを作り、それを四つ葉のクローバーに仕上げました。これからも4人が幸せにチクチクできることを願い…。

この4人をはじめ、私には「チームキャシー」という、私の作品を作るサポートをしてくれる仲間がいます。あふれるほど頭の中に浮かぶデザインを、キルトとして作り上げるには、私ひとりでは追いつきません。そのことをすごく悩んでいた時、生徒さんの中からお手伝いしますと何人かの方が声をあげてくれました。こんなデザインで、色はこれで、この布を使って、なんてミーティングしている時、チームのメンバーは目をキラキラさせて私の無理難題を形にしていきます。特に、絵を描くように縫っていくアップリケキルトは、この仲間たちが頑張ります。チームキャシーは私の夢を実現してくれる大切な仲間です。

美しく咲いた花々をモチーフにして…

ありがとうの想いを込めて　220×220cm　2015年

花ってどれもお行儀良く正面を向いているわけではありません。あっちを向いたり、こっちを向いたり、色も微妙に異なります。だから、アップリケのモチーフにする時、私は好きな花を写真に撮って紙に写し、それを図案にします。作るのに時間はかかるけれど、その方が花たちも喜んでいるようでしょ？

バラのアップリケはたくさん作りますが、ポンポン菊はめずらしいのよ。赤や黄色のカラフルな色を使うのも心配だったけど、思いがけずきれいで、まとまりが出たのでお気に入りのキルトになりました。ベッドカバーとしてベッドの上に掛けるとスッと落ちる感じがとてもおしゃれです。

家族になった日

大好きなバラと大好きな我が家のニャンコたちのアップリケです。満開のバラのお庭でお昼寝したり、お散歩したり、のんびりとくつろいでいるのです。私の大事な家族たち、何匹いるか、わかりますか?

この頃ニャンコは、家に9匹いました。全員の名前を呼ぶのも大変で、よく間違えます。この後、アンがお星さまになり、鉄三というエキゾチックショートヘアーの男の子が加わり、ルーシーがベビーを産み、その中のウタが我が家に残り、今は10匹のニャンコと暮らしています。一番年上のポポキは16歳、ちょっとヨタヨタしているけど元気です。今でもこのニャンコたちをモデルにして、ポーチを作ったりするんですよ。大切な私のパッチワーク仲間です、といっても、私がチクチクしている時にそばにいてくれるだけですよ。

家族になった日　205×160cm　2014年

essay 3

布のおはなし

私にとっての布は絵の具のようなもの。針は絵筆。なのでとても大切です。

針はそれぞれ用途に合うものを使っています。ピーシング針、これは縫い合わせ用の針ですね。それにアップリケ針、ハワイアンキルトにはこれが絶対必要ね。キルティング用の針、これは長さの違うものをいくつか持っています。これらの針は自分に合っていて使いやすいものを見つけて使っています。本当に出来上がりが違うのですよ。

布は大好き。特に花のプリントを見つけたら絶対に買ってしまいます。小花も好きだけど、バラや野の花を大きくプリントした布も使い勝手が良くてよく買います。細かくピーシングしたものを合わせたり、模様をそのままカットしてアップリケしたりもします。

私のチェストには衝動買いした布が入りきらないほど。本当は部屋中に布が溢れている状態なんですよ。それでも何か作ろうと思う時、あの色がない、こんなプリントを使いたいのにないと探します。

キルトを作る時にまずイメージが頭に浮かんできて、それを整理して図を描き、布を集めます。その時にメインになる色の布がないとストップしちゃうの。だから好きな色の布は50センチ単位で買っておきます。日本の布も使いますがアメリカやヨーロッパの布も多く使いますので足りなくなると大変。手に入らないの。まあ、50センチほどあればなんとかなるのでいつも買うのは50センチ。実は、キルトのお店を経営するようになったのも布をいっぱいそばに置いておけるから。でもどんなに気に入った布でも生徒さんやお客様に欲しいと言われるとやっぱり販売しちゃいます。それは仕方ないですよね。

今は手染めの布をよく使います。アトランタに住む友人に染めてもらってオンリーワンの布を作ってもらい、その上にハワイアンキルトのパターンをアップリケしたり、バラの花のアップリケに使ったりして私らしい作品が出来上がっています。いろんな布との出会いが大切ですね。

2017年1月

ORANGE
pineapple

part 5

いつもそばにキルトがあった

愛する人への想いをキルトに込めて

母から受け継ぎ、子供たちに残せるもの
―愛情いっぱいに動く手

　母はとても手先の器用な女性でした。祖母の古くなった着物をほどいてパーティードレスに仕立て直したり、帯でビスチェを作ったり。子供心に、母の手は魔法使いのようだと思っていました。私の母は日本人で、父はアイルランド系アメリカ人。私は幼い頃から体が大きく、既製のお洋服のサイズが合わないことが多かったのです。そんな時、母の手が大活躍。襟の白いワンピースやマドラスチェックのワンピースなど、次々と私のために作ってくれました。

　幼い頃、近所にワイシャツを作って生計を立てている一家がありました。その家には、色とりどりの布地がいっぱい。まるで、カラフルな色の洪水という感じでした。よく遊びに行っては、端切れをもらってきたものです。ハサミや針を持つのがあたり前だった母は、私が5歳の頃には、もう一人前にハサミを持たせてくれていました。だから、端切れをもらってくると、私は大喜びで、いろんな形に生地を切ったり、並べたりして遊んでいましたね。ワイシャツの端切れは幼い私の大切な宝物でした。

　小学校では手芸クラブに所属していて、お裁縫だけでなく、刺繍やアップリケなど、いろんなことにもチャレンジしましたよ。何かを作れるようになると「誰か大切な人にプレゼントしたい。その人を喜ばせてあげたい」と思うようになります。少女の私にとって、その「大切な人」は母でした。布製のバッグに何日もかけて刺繍したものを贈った時の、母の喜んだ顔は、今でも鮮やかに思い出すことが出来ます。やがて恋をするようになると、大好きなボーイフレンドのために。結婚し子供が生まれれば、愛しい我が子のために。いつだって、私は手を動かし続けています。

　母から、私は器用な手先を受け継ぎました。でも、私は子供たちにあえて、それを押し付けようなんて思わない。ただ子供たちは、動く母の手を見て大きくなるのではないかしら。幼い子供のボタンをかけてあげる。靴のひもを結んであげる。台所で子供たちの大好きなあったかいお料理を作ってあげる。何かを生み出し、整え、繕い…。毎日のささやかだけれど確かな暮らしの中から、子供たちは何かをつかんでいくはず。そう、愛情いっぱいに〝動く手〟の魔法は、きっと子供たちに伝わっていくのだと信じています。

メモリーオブアイリス

メモリーオブアイリス　190×190cm　2001年

7歳の頃、母と。

母は着物をよく着る人でした。忘れられない夏の思い出は、白い日傘をさして絽の着物を着た母と外出した日のこと。手をつなぐ幼い私の目の前には、美しいぼかしの入った裾模様が見えました。それは、ブルーと紫がやわらかく入った菖蒲だったような気がします。

このむら染めの布に出会った時、母の着物の色が思い浮かび、パターンはすぐに決まりました。アイリスです。母が亡くなってずいぶん経ちますが、白い日傘と菖蒲の着物のイメージは今でも脳裏に焼きついています。

115×210cm
1984年

満開の桜の木の下で

ずっと忘れていた母の、問わず語りの恋のはなしをいつの頃からか桜の季節になると思い出すようになりました。花びらがはらはらと頼りなげに散る風情を布に込めてみようと縫いはじめました。作っている時に亡くなった母に問いかけたりして、とても母を近くに感じました。不思議ですね。周りには母が使っていた帯をほどいて縫ってあります。

115×210cm
2015年

満開の桜の木の下で again

いつの日からか、桜を見るたびに母を想うようになりました。私の母は強い人で、ひとりで私を育て、私をお嫁に出した年に亡くなりました。その母の思い出を込めたキルトを今から30年以上前に制作しましたが、また新たに縫ってみようと思いました。同じテーマ、同じ構図ですが、使う布やテクニック、そしてもちろん縫っている私も変化しているようです。

サンシャインガール

「ティナのワルツ」のキルトをカットしている時に、悲しいことが起こりました。どうしても話さなくてはいけないことがあります。主人と私と子供たち3人、何があっても家族が仲良く元気だったらいい、どんなことでも乗り越えていける、そんなふうに思っていました。仕事のことで悩んだり悔しい思いをしても、家に帰り、家族全員で大きな食卓を囲んでごはんを食べ、みんなで今日あったことを話しているうちに、なんでもないことに思えてきて、小さいことは気にしない…そう思っていました。

　まさか、長女の七奈美が私たちより先にお星さまになってしまうなんて、そんな日が来るなんて。病気がわかっても、七奈美は大丈夫、絶対大丈夫と思っていました。あの夏の日が来るまでは…。必死の祈りも叶わず、２００９年７月７日、29歳の若さで遠い空の上に旅立ちました。肺の小細胞がんでした。あの日から毎日、毎日、泣いていました。でも気がついたの、私は前に向かって歩いていかなくてはいけないって。泣いてばかりの私のことなんて娘は嫌いだって、娘が好きなママは元気でにこにこ笑っていて、明るいママだって。それはつらい選択でした。

　私はキルトの力を借りました。いつも明るく輝いていた七奈美をイメージして、七奈美が好きだったオレンジ色をたくさん使ったキルトを作りはじめました。縫いながら何回も、何回も七奈美に話しかけながら。出来上がったキルトは「サンシャインガール」。元気いっぱいの太陽のようなキルトです。

　今はもう泣かなくなりましたよ。泣いていたら七奈美に叱られちゃいますからね。そう私はまた「前を向いて歩いています」と自分に言い聞かせるようにキルトを縫い続けました。それでも、あの日の「ティナのワルツ」のキルトは、しばらくカットした途中のままでした。「サンシャインガール」の完成をきっかけに、頑張って最後までカットしました。七奈美に「ママ頑張ったね！」って言ってもらえるでしょうか。七奈美の好きだった甘いやさしい香りのするティアレの花は女の子の象徴の花です。ティアレの花は私の思い出の花になりました。美しさは永遠に…。

サンシャインガール　142×142cm　2010年

ホンコンオーキッドとピカケレイ　210×210cm　2008年

オレンジ色のキルトに包まれて

この「ホンコンオーキッドとピカケレイ」のキルトのお話をするのはすごくつらいです。これは２００９年に亡くなった長女のウェディングのプレゼントに作ったキルトです。結婚披露宴で、いらしてくださったみなさまをお送りする時に後ろに飾りました。そして長女はこのキルトに守られながら旅立ちました。なのでこのキルトは写真しかありません。明るい色が好きだった長女は、オレンジ色のキルトをとても気に入っていて、出来上がってからずっと自分のベッドに使っていました。こんなに喜んでくれるなら、もう1枚作ってあげようと思っていた矢先、病が見つかり4カ月ほどでお星さまになってしまいました。苦しくてつらくて何もしたくないとただ泣いていた日々の中で、長女のためのキルトを作ろうと針を進め、縫う度に前に向かっていく自分を感じました。私はキルトに助けられたの。この「ホンコンオーキッドとピカケレイ」のキルトは、今でもお空の上で七奈美をやさしく包んでいることでしょう。

part 6

現在のキルト作り
最新作まで

紡ぎ続ける
心の風景

花のシャワーに包まれて

春

やっと寒さが和らいで、待っていた春が来ました。空の色が少しずつ変わっていきます。まだ風は冷たいけど、嬉しい季節になりました。265×195cm

IQAキルトフェスティバル（テキサス州ヒューストン）にて展示。

ワイキキをダイアモンドヘッドに向かってブラブラ歩くと広い公園に出ます。カピオラニパーク。ハワイの人たちが大切にしている場所です。のんびり本を読んだり、ヨガをしたり、フラを踊っていたり、時間がゆっくりと流れています。ここでは春から夏にかけてシャワーツリーがきれいに咲き、風が吹くと花がシャワーのように散っていきます。そんな風景を切り取ってキルトにしました。私の心の風景です。私の故郷のハワイの空に、現在住んでいる日本の四季を表しました。

梅雨の気配

日本の季節の中で一番鬱陶しい時です。それでもたまに青空が見えて、夏を感じます。こんな季節は家にいてパッチワーク三昧です。255×200cm

春の盛り

山々の緑が美しい季節。日本では「花かすみ」という空の色になります。こんな時は外でランチをしたり、ピクニックに行ったり楽しい季節です。260×200cm

夏の力強さ

スイカ、花火、夕立ち、日本の夏は暑いけど、楽しいことがいっぱい。思い出をたくさん作れる季節です。255×205cm

初夏のかおり

梅雨が明けると美しい青空が続きます。七夕の夜、天の川の中に彦星と織姫を探します。子供たちが楽しみにしている七夕です。250×200cm

秋は静かに

すっかりと静かになった海や山。こんな季節にはキルトが縫いたくなります。台風も来るので、空がドラマチックな色になってきました。255×205cm

初秋のおとずれ

まだまだ暑さが残る空にうろこ雲がきれいです。夏の終わりを感じる、ちょっと寂しい季節です。255×200cm

冬のはじまり

こたつを出したり、クリスマスツリーやタペストリーを準備します。日本でもクリスマスは大切にしています。もちろんお正月の用意もしないとね。この季節は私たち女性の腕の見せどころです。255×205cm

晩秋

ストーブを出して少しずつ冬の準備です。それでも空はいつも晴れていて、朝焼けや夕焼けの美しさはこの季節が一番です。さあ、キルティングにぴったりの季節です。255×210cm

冬ごもり

冷たい風が吹いています。時々は雪が降って東京の街も真っ白になってしまいます。こんな時は家にいて、夏を夢見ながらハワイアンキルトを縫います。春を待ちきれなくて思い切り明るい色で作ります。265×185cm

8年目のプレゼント

8年目のプレゼント　170×170cm　2017年

私がバラを好きになったのは幼い頃、貧しかった生活の中で母がいつも玄関に一輪のバラの花を飾っていたからです。色の少ない部屋の中でそのバラの美しかったことが忘れられません。今回のキルトは主人から結婚8年目にもらった花束…、と言っても五百本なんですよ。農園から直接購入してきたのですって。それにしても嬉しかった。

そのバラを思い出して布で表現しました。私の嬉しさが出ていますか？

バラは花の中の女王様、プレゼントされるとすごく嬉しい！　一番好きなのはオールドローズ、何枚もの花びらが重なり合う香り高いオールドローズはべっぴんさん。特別な一品なのです。でもほとんどが1年に1回しか咲かないので、なかなか好きなバラに会えません。だからアップリケキルトにするのです。

今回の作品の中にはラフランス、ジュリア、バレリーナ、カクテル、アイスバーグ、バタースカッチなどなど、私の家の庭に咲いたバラを布でキルトの中に咲かせてみました。作っている時、本当に楽しくて、幸せでした。そんな気持ちがみなさまに伝わるといいな。

album_family

セーヌ川の夕焼け空。

ハワイの空はいつも気分爽快。

家族でいろんな国に旅行。

セーヌ川から眺めるエッフェル塔。

やっぱり花が好き。

いつも一緒。

御殿場の家も絵になる。

冬に旅行したパリで。

夫婦水入らずの旅行も楽し。

part 7

想いは未来へ…

母から息子へ受け継がれるキルト

最近はとても嬉しいな。洋輔と一緒にキルトをする事が多くて。まさか、3人の子供たちの中で、息子が私の後を継ぐなんて、ビックリ！ ただ洋輔がくれる刺激は私のキルトに新しい風を吹かせました。次の世代につながるキルト、洋輔、新しい世界を作ってね。

le vent de cuba
キューバの風

キューバの風　165×165cm　2016年

アメリカと国交回復したキューバの街の色からインスピレーションを受け、母と2人のコラボレーション作品を作りました（新）。風車のパターンを使ってキューバの雰囲気を表現。原色の綺麗な布がまるでキューバの街並みを思い起こさせますよね？

風車の羽根の1カ所にだけそれぞれ違う手法を使った刺繍を施しました（刺）。花・リボン・雫は母の好み、葉・ペイズリー・丸は僕の趣味です（二）。親子2人で作った初めてのキルト。今までにない色使いとパッチワークと刺繍…。見たことのないキルトになったと思います（喜）。これからもドンドン進化して素敵な刺繍を施していきたいと思います（決）。

by洋輔

un bouquet de lis
ゆりの花束

ゆりの花束　105×130cm　2016年

母の大好きなゆりの花…。アップリケキルトは母が担当して、刺繍を僕が担当(分)。突然、「これに刺繍お願い！」と母に渡されました。ビーズを水滴に見立てて、花の部分を糸で刺繍するだけで雰囲気がだいぶ変わりますよね？

手法としてはそんなに難しくない、サテンステッチとロング&ショートステッチを使ったこの作品。似た色の糸を使って着物の地紋おこしのように刺繍を施しました。

グラデーションの糸を使っているのですが、刺してくうちに自然と色が変わっていって…。自分の想像以上の出来上がりになり、満足しています(喜)。大切な人に贈るものにちょっと刺繍を施すのもいいですよね(愛)。そんな思いが込もったキルトです！

みなさんも大切な人に、ゆりの花束を…(贈)。

by
洋輔

essay 4

ポーチを贈る

いつだったかしら、まだ私が結婚する前のことです。お気に入りのブティックが青山のシンデレラ通りにありました。今、この通りにはブルガリやプラダなど有名な店がたくさんありますが、その頃はポツポツとカフェやブティックがあるだけの静かな通りでした。でもモデルやタレント、おしゃれな人たちが小学校前のフロムファーストというコーナービルによく来ていました。私も買い物をした後、このビルの1階にあるフィガロでグラスワインのロゼを飲み、ガトーショコラをいただく、それが楽しみでした。外を歩く人や車をぼーっと見ながらゆっくりと時間を過ごすのが大好きでした。今は忙しくてなかなかそんな時間がなくなってしまったのが残念です。

ある日、やっと暖かくなった春の初めのことです。いつものようにフィガロでワインをいただいて、青山通りまで歩こうかしらと外に出ると、すぐ前の信号の向こうに、花束をかかえた、スラッとした女の人が信号待ちをしていました。ほとんど化粧をしていないその人は、まわりの風景の中で一枚の絵のようでした。信号が変わってこちらに歩いて来た時、「キャシーさん、お元気！」と話しかけてきました。「あら！」雰囲気に見とれていて、知り合いだということもわからなかったその方は何回か仕事をご一緒した人気モデルさん。しばらく立ち話をしたのですが、とっても良いにおいがして、「ステキな香りの香水ね」と聞くと「私、香水つけていないから、きっとこの花のにおいね」と花束の中の白い花を私にくださいました。不思議な形の花がたくさんついています。持っただけで、まわりにふわぁといい香りがします。この花がホワイトジンジャーの花だと知ったのはずーっと後のことです。

じゃあまたね、とお別れしましたが、今でもホワイトジンジャーの香りに出会うと、その方のことを思い出します。今でもお元気にご活躍とのこと。いつかお会いしたら、ホワイトジンジャーのハワイアンキルトのポーチをプレゼントしたいなぁと思っています。プレゼントはポーチがいいですね、手頃だし作るのも簡単。

私は手作りポーチの中にその方がお好きなちょっとしたものを入れてプレゼントします。とっても喜んでいただいています。

2017年　1月

part 8

生徒さんとともに新たな挑戦

みなさんと綴る
キルト

リメンバータヒチ　230×230cm　2011年

フランスのアルザスでキルトコンテストが開催されていることを知り、仲間たちとチャレンジしようということになりました。ひとりひとり、違うデザイン、違うテクニックを意識して作りましたので、色合わせやデザインが大変でした。

結局、ひとつも選ばれなかったのですが、どうしてかなぁと思いながらも、まあ、作っていた時と、出来上がった時の喜びが大きかったんだからいいじゃないということで、ここに発表させていただきます。みんなの思いも書いておきますのでお読みください。

パラダイスバード
田代のりみ
ずっと一緒にいる夫と2人で鳥になって大好きな南の島へ。美しい花が咲くジャングルはすばらしく、枝にとまった私と夫は感激しました。なかなか旅に行けない私たち。こんな想像をして2人で旅をします。いつかいつか、旅に行ける事を夢見てこのキルトを作りました。

さがしもの　日下崇
ハワイで見た大きなパイプライン。そのチューブの先は明るく暖かい太陽が輝いていました。波が太陽に照らされてキラキラと変化する様をリバースアップリケで、波の向こうの太陽の光をピースワークで表現。太陽がみんなの明日を明るく照らすことを想像して制作しました。

海の嵐の中で　小堀茂子
海の嵐の中で、すっくと立っている女性。この人の人生が嵐ではなくさわやかなそよ風であったらいいなぁ。色々な人生を想像していると、楽しくなる私です。

アフロディーテ　祖父江節子
娘が結婚する事が決まり、若い２人の未来を思い描いています。チョウチョの形に似ている蘭がチョウチョになり大空に飛びたって行くように娘たちの幸せを祈っています。２人の幸せがチョウチョのように飛んでみなさんに伝わるといいな。

金魚の恋　斉藤愛子
昔は町にやってくる金魚売りが、夏の風物詩でした。最近はあまり見ることがないのですが、子供の頃に見た金魚たちはとても美しく、幻想的でした。この金魚たちも恋をするのかしら…そんなことを想像しながら作品にしました。

花に恋をして　宮田アイ子
ミモザの花が咲く頃にモナコに行きました。ミモザ祭りの真っただ中、とても美しく忘れられない旅でした。ミモザの花をキルトにして、毎日眺め、まるでモナコにいるかのように想像している私です。

ハワイアンスノーフレーク　飯田志伸
この年、日本は大変雪が多く、東京も真っ白になりました。電車も車も止まり都市機能がすべて止まりました。雪を見ながら、この降ってくる結晶がハワイアンキルトだと楽しいなと思い、雪の結晶に見立てたモチーフを降らせてみました。

プナの森のむこうに　高村明美
毎年訪れるハワイ島のプナの森のむこうに光り輝く空が見えます。私はいつもその空を想像します。何があるのでしょう。きっと幸せがあるのではないかと信じています。その大好きな森をキルトにしてみました。

夕暮れの老木　小谷信子
自分の人生をキルトにしたいと思った時、大きな老木を思いました。パッチワークのパターンの中にも「生命の木」というのがあります。私の生命の木は雪や雨や風を受けてすっくと立っています。力強さを表現したくて、ステンドグラスキルトにしました。

花鞠と遊ぶ　篠田恵美子
我が家のネコが春になると風の中、春の香りを嗅いでいます。それを布で表すとこんな感じになるのかなあと思い制作しました。

シティーローズ　下山加代子
スカイツリーから見下ろす街には緑が少なく、ビルがたくさん。そのひとつひとつに暮らす人々がいると思うと、幸せを願ってバラの花で包み込みたくなりました。クールな東京の街には黒いバラがピッタリ。でもどこかに情熱を込めたくて、ピンクのバラを咲かせました。

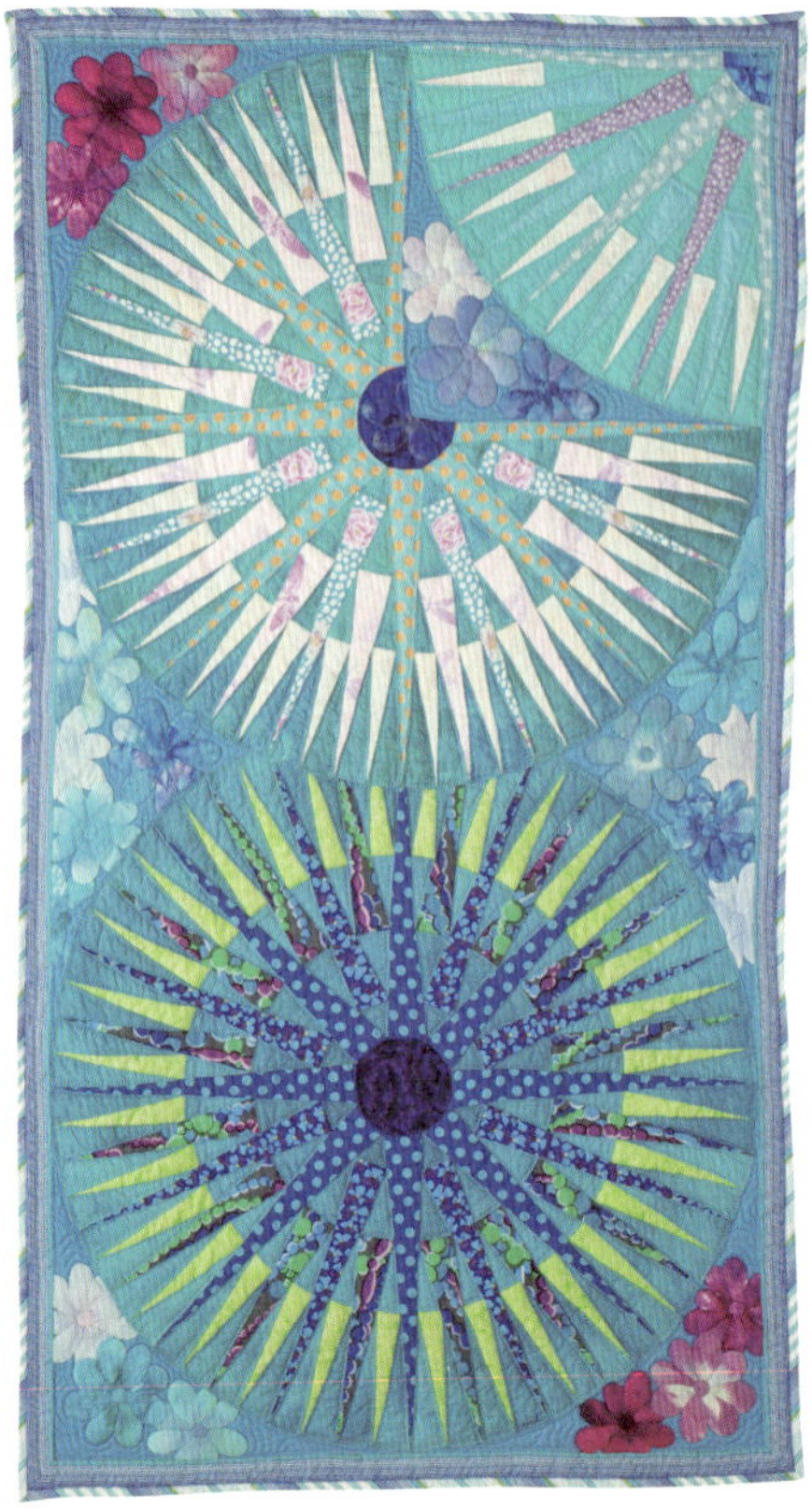

青い星が降るとき　千葉恵子
すべてが青い世界になった時、さわやかな風が吹くでしょう！　高い空から見ると、青い世界に見えるのでしょうか。穏やかな青い星降る世界になるでしょう。

私の夢見る窓辺　加村一枝

大好きなネコのドゥ（Deux）とバラのキルトです。ドゥが言葉を話せたら一緒にお茶を飲みたいな。ドゥからどんな話が聞けるのかしら。ケーキは何にしようかな。テーブルクロスはネコの足のプリントに…と想像して楽しくなります。こんな窓辺とお庭があったらいいな！

愛する私の人生　冨澤眞理子

長い私のパッチワークライフ、その中でたくさんの布を使いました。少しずつ残したその布たちを「生命の木」というパターンにして、思い出をたくさん縫い込み新しい未来を想像します。この赤い色合いのような素晴らしい未来を…！

恋する花の都パリ　加藤みちよ

日本ではパリは「花の都」と呼ばれています。昨年、アルザスのキルトショーの帰りに初めて訪れたパリは残念ながら花の季節は終わっていました。私なりに花盛りのパリを想像して制作しました。

早春のきらめき　春木滋子

冬が終わり、木々が新芽を出してキラキラとしているところを想像しました。私は都会に住んでいるので、緑の多い田舎をイメージ。これを縫っている間に母を亡くしました。母が行く道がこのような早春の輝きに満ちているのなら嬉しいです。

いらかの波　山田有子

苔むす瓦の屋根につる状の植物がからみます。白い花はいい香りがするジャスミンの花。その屋根が続いている風景を想像して縫ってみました。

藤のつるに導かれて　照井玲子

「ジャックと豆の木」のように藤のつるに導かれてお空の上まで行ってみたいな。きっと巨人がいたり、お姫様がいたりするのかしら。でも本当はお空の上まで行って、あの人に会いたいな。

My History

年代	キャシー中島の出来事
昭和27年 1952	ハワイ・マウイ島で生まれる
昭和44年 1969	CMモデルデビュー（日本コロムビア） 『夜の柳ケ瀬』でカサノヴァ7の一員としてレコードデビュー
昭和45年 1970	6月『ヴィーナス』でキャッシーの名でソロデビュー（ポリドール）
昭和47年 1972	米・ロサンゼルスのパッチワークショップで指導を受け、パッチワークをはじめる TBS「ぎんざNOW！」でタレントデビュー 11月『白い大地は誰のもの』キャシー中島（クラウン）
昭和48年 1973	3月『涙のドレス』（クラウン） 6月『暑い夏が悪い』（クラウン） 11月『愛されているのに』（クラウン）
昭和49年 1974	7月『涙のチュチュ』（クラウン）
昭和50年 1975	「プレイガールQ」出演 8月『おしえて！エルビス』（ポリドール） パッチワークの大きな作品を作る（ログキャビン、スター等）
昭和51年 1976	「独占・女の60分」のアタッカーとして出演 パッワークと日本刺繍に夢中になる 仕事が忙しい中、作品作りに励む
昭和54年 1979	俳優・勝野洋と結婚 長女・七奈美誕生
昭和55年 1980	『うたたねキルト』完成
昭和57年 1982	次女・雅奈恵誕生 御殿場に住みはじめる
昭和58年 1983	長男・洋輔誕生
昭和59年 1984	御殿場の幼稚園でパッチワークを教えはじめる
昭和62年 1987	静岡・御殿場にスタジオKオープン
昭和63年 1988	子育てに奮闘中 「笑っていいとも」出演をきっかけに芸能活動再開 パッチワーク作りでスランプに陥る ハレイワのレストランでハワイアンパッチワークに出会う 「ハローパッチワーク」「ハロークリスマス」出版
平成元年 1989	ファーストハワイアンキルト『青のパンの木のベッドカバー』を作り上げる 「誰かさんのためのパッチワーク」「ハロークリスマス2」出版

平成2年 1990	横浜、初めて百貨店での小さなキルト展を開く
平成3年 1991	『キャシーズクラブ』発足（現・キャシーマムクラブ） 教室での直接指導だけでなく、通信講座も開始 「ハローマイパッチワーク」出版
平成4年 1992	東京・用賀にニンニクの店「レストラン・カティアム」開店 「好き、好き！　パッチワーク」出版
平成5年 1993	「インターナショナルキルトウィーク横浜」に初めて出店 「3日で作れるラク、ラク！　パッチワーク」「おしゃべりパッチワーク」出版
平成6年 1994	勝野が出演したドラマ「俺たちに明日はない」の舞台、神奈川・極楽寺にスタジオ K2オープン
平成7年 1995	名古屋・花もめんからオリジナルプリントを発売 長女・高校入学 「超かんたんパッチワーク」「フレンチカントリー」出版
平成8年 1996	銀座の百貨店でのキルト展スタート NHK「おしゃれ工房」の司会をはじめる 「パッチワーク物語」「サンプラーズキルト」出版
平成9年 1997	お台場ビッグサイトにて「ハワイアンキルト・ワールド」開催 東京・三軒茶屋にスタジオ K3オープン
平成10年 1998	東京・銀座にキャシーズコットンファームオープン 住まいを三軒茶屋に移す 次女・雅奈恵 芸能界デビュー 「バラ色のキルトをあなたに」「ハワイアンキルト」出版
平成11年 1999	御殿場にキャシーマム キルトミュージアムオープン 長男・洋輔 芸能界デビュー 「新装版フレンチカントリー」「パッチワークカレンダー」「新装版サンプラーズキルト」出版
平成12年 2000	兵庫・神戸にてキルト教室スタート 「パッチワークパラダイス」出版
平成13年 2001	富山・チューリップ四季彩館にて展示会開催。「ハワイアンキルト」出版
平成14年 2002	キャシー50歳になる 「東京国際キルトフェスティバル」初回より出店 愛媛タオル美術館 ASAKURA にて展示会開催 京都・美術館「えき」KYOTO にて展示会開催 「プロヴァンスキルト」「ハワイアンキルト2」出版

平成15年　2003	兵庫・神戸にキャシーマム神戸オープン 『サンシャインローズガーデン』IQAで受賞 鎌倉プリンス『アロハチャリティキルト展』スタート 愛媛・タオル美術館ASAKURAにて展示会開催 「ステンドグラスキルト」「アロハ！　ハワイアンキルト」「キャシーマム2003秋号①」出版
平成16年　2004	神奈川・元町にキャシーマム横浜元町オープン ハワイの文化を日本に紹介する取材のため年14回ハワイに渡る 六本木ヒルズ『マケケ・ハワイ・イリイリ』スタート 京都・美術館「えき」KYOTOにて展示会開催 「キャシーマム冬号2004②」「キャシーマム春号2004③」「キャシーマム夏号2004④」「キャシーマム秋号2004⑤」「キャシーマム冬号2005⑥」出版
平成17年　2005	京都にキャシーマムコレクション京都オープン 『12ケ月のフラワーポット』AQSで受賞 「ハロー！　マイパッチワーク」「キャシーマム春号2005⑦」「ハワイアンキルト物語」「キャシーマム夏号2005⑧」「ハワイアンのかわいいかわいい小物たち」出版
平成18年　2006	ハワイ・ホノルル市長より「ハワイアンキルトマスター」の称号をいただく 京都・美術館「えき」KYOTOにて展示会開催 長野SGC信州ゴールデンキャッスルにて展示会開催 「ハワイアンプリントと暮らす」「キルトスタイル Kathy Mom」「ハワイアンの楽しい楽しい小物たち」「オハナ・キャシーマム夏号」「オハナ・キャシーマム冬号」出版
平成19年　2007	マナ・アイランドオープン 岐阜にキャシーマムGifuオープン 六本木ヒルズ「オハナ・キルト展」スタート 愛媛・タオル美術館ASAKURAにて展示会開催 京都・美術館「えき」KYOTOにて展示会開催 「オハナ・キャシーマム春夏号」「ハワイアンのうれしいうれしい小物たち」「楽しいね　サンプラーズキルト」「オハナ・キャシーマム Vol・4」出版
平成20年　2008	六本木ヒルズアリーナにて七奈美のデビューコンサート 長野SGC信州ゴールデンキャッスルにて展示会開催 山形・山形美術館にて展示会開催 『10年愛ローズ』AQSでハンドメイドキルト1位受賞 「はじめまして　キャシーズ タヒチアンキルト」「ハワイアンの素敵な素敵な小物たち」出版

平成21年　２００９	御殿場にキャシーマム カフェオープン 長女・七奈美死去 享年29歳 山形・酒田美術館にて展示会開催 「ガーデニングキルト　パッチワーク大好き！'09春夏」「ハワイアンの愛しい愛しい小物たち」「パッチワーク大好き！Vol.2 秋冬」「増補新版　ステンドグラスキルト」「復刻版　サンプラーズキルト」出版
平成22年　２０１０	長男・洋輔、次女・雅奈恵渡仏 愛媛タオル美術館ICHIHIROにて展示会開催 「パッチワーク大好き！Vol.3 春夏」「増補新版　フレンチカントリー」「ハワイアンな小ものたち」出版
平成23年　２０１１	東京国際キルトフェスティバルのポスターに作品提供 『おばあちゃんたちの思い出』IQAで受賞 「キラキラキルト」「パッチワーク大好き！Vol.4 春夏」「UKIUKIハワイアンキルトのかんたんキット」「ハワイアンな小物ものたち2」出版
平成24年　２０１２	キャシー還暦を迎える 銀座にて販売を目的とした「アートキルト展」を開催 京都・美術館「えき」KYOTOにて展示会開催 「私のキルト物語」出版
平成25年　２０１３	マカナナキャシーブランド販売開始 「いちばんよくわかるハワイアンキルト」「大好き♥ハワイアンキルト」出版
平成26年　２０１４	ココナッツオイル販売　プロデュース ヨコハマグラフィティ・ゴールデンカップスの時代展 「ハッピーキルト」出版
平成27年　２０１５	次女・雅奈恵結婚 長男・洋輔 完全帰国 東京国際キルトフェスティバルにて10連作初展示 茨城・しもだて美術館にて展示会開催 「ハワイアンキルト・ブック」「こんなにすごい！ココナッツオイル」「ボンジュールキルト（洋輔との初共作本）」出版
平成28年　２０１６	愛媛タオル美術館ICHIHIROにて展示会開催 上海にて初展示物販 舞台・「横浜グラフィティ」（原案キャシー中島） 「わくわくハワイアンキルト」出版 次女・雅奈恵に初孫となる長女・八瑠子誕生

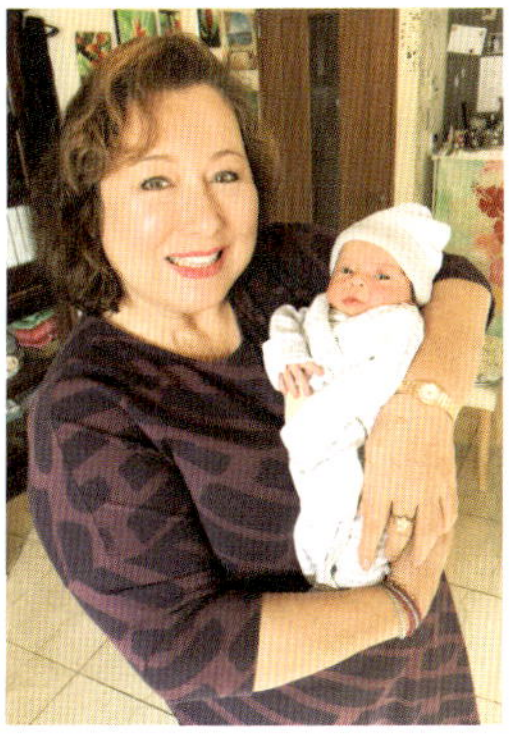

あとがき

45年間キルトを作ってきた記念として、キルトの写真とエッセイだけの本を出すことになりました。作り方は載せていません。1枚1枚、キルトを作っていた時の思いを書きました。きっと皆さんと同じ時代、同じような思いがエッセイの中に入っていると思います。

今までにない本をとお願いしてずいぶんわがままを言いました。そんな私の希望を全部叶えてくれたカメラマンの亢先生、ずーっと長い間私の作品の写真を撮って下さってありがとうございました。このたくさんの写真がなかったら、この本は出来ませんでした。

急にお願いして大変な思いをさせてしまった市川さん、ありがとう。すべてを許してくださった小野寺さん、人見さん、感謝しています。編集の菊地さん、岸本さん、デザインの橘川さん、スタッフの山田さん、坂口さんありがとうございます。そして、こんな私をサポートしてくれる勝野パパ、雅奈恵、洋輔、サンキュー。

この本を手にとってくださった皆さまに、心から、ありがとうございます。

マハロ

Profile

キャシー中島
Kathy Nakajima

ハワイ、マウイ島生まれ、横浜育ち。タレントとして活躍する一方で、キルト作家として創作や指導にあたっている。ハワイアンキルト、アメリカンキルトを中心に色彩豊かな作品を制作。静岡県御殿場市のキルトミュージアムをはじめ、全国に6つのキルトスタジオを運営している。その芸術的才能は日本国内はもとより、パッチワークキルトの本場アメリカでのキルトコンテストにて数々の受賞歴があり、高く評価されている。

Shop List

スタジオKキルトミュージアム&キャシーマムカフェ
〒412-0026 静岡県御殿場市東田中3363-6
TEL：0550-82-2600

スタジオK2
〒248-0006 神奈川県鎌倉市小町1-6-12 寿ビル2F
TEL：0467-23-7008

スタジオK3
〒154-0024 東京都世田谷区三軒茶屋2-21-6
TEL：03-3411-6171

キャシーズGINZA
〒104-0061 東京都中央区銀座6-14-19 マルイビル2F
TEL：03-6278-7790

キャシーマム横浜元町
〒231-0861 神奈川県横浜市中区元町3-128-1
TEL：045-663-4473

キャシーマムNagoya
〒460-0008 愛知県名古屋市中区栄4-16-27 富士サカエビル2F
TEL：052-261-1322

マナアイランド
〒154-0024 東京都世田谷区三軒茶屋2-17-14
TEL：03-3421-7698

キャシー中島のエンジョイキルトショップ
（インターネットショップ）
http://www.kathy-quiltshop.com

キャシー中島のパワフル日記（ブログ）
http://ameblo.jp/kathy-nakajima/

インスタグラム
@official_kathynakajima

この本には、以前に発表した文章と、それに加筆した文章が一部含まれています。

Staff

撮影
斉藤亢　松葉理

デザイン
橘川幹子

制作協力
株式会社スタジオ・ケイグループ
スタジオKキャシーマムキルトミュージアム

編集
市川直美　菊地杏子　岸本麻子

協力
桜井真佐子　大田亜侑

愛を綴るキルト
Anniversary 45

2017年3月21日　第1刷発行

著　者　キャシー中島
発行人　小野寺恒夫
発行元　株式会社ひとみ出版
〒164-0003　東京都中野区東中野５－１６－３
電話 03-5989-1856
発売元　株式会社メディアパル
〒162-0813　東京都新宿区東五軒町６－２１
電話 03-5261-1171
印刷・製本　シナノ書籍印刷株式会社

ISBN978-4-8021-3049-3